LEADER's ROAD

리더스
로드

인텔코리아 이희성 대표의 진화하는 리더십 이야기

LEADER's ROAD

리더스 로드

이희성 지음

리더란 무엇인가?

2011년 봄, 나는 떠났다. 목적지는 실크로드였다. 인생을 이만큼 왔으니 뭔가 내려놓고 돌아보고 욕심이나 번민들은 버리자, 회사에서 그간 열심히 아등바등 살았던 것을 내려놓고 진정 나를 생각해보자는 심정이었다. 여유롭게 나를 보고 앞으로의 인생에 대해 계획도 세우고 어떻게 사는 것이 보람찬 일일까 고민해보자는 생각이었다.

그 후로 3년이 지나고 글로벌 기업 인텔코리아의 대표로 근무한 지 어느덧 10년의 세월이 흘렀다. 강산도 변한다는 10년 동안 급변하는 비즈니스 환경 아래서 과연 나는 어떤 과정 속에서 성장했는지 혹은 정체하거나 뒤처지진 않는지 여러 생각이 드는 요즘이다. 분명한 것은 고민 없이는, 리더가 진화하지 않고선 그 조직의 현재와 미래는 어렵다는 것이다.

'리더십을 연기한다'는 말이 어떤 이들에게는 생소하게 들릴지도 모르겠다. '연기'라는 말을 나 자신의 본심을 숨기는 개념으로 생각한다면 그렇다. 그러나 거꾸로 생각하면 순수한 본심, 정제되지 않은 감정, 훈련되지 않은 대화가 진심 어린 관계를 만들어주는 경우는 생각보다 많지 않다. 우리는 이미 나름의 방식대로 그때그때 주어진 역할에 맞는 가면을 쓰고 살아가고 있다. 그 행위는 '가식'이나 '위장'보다는 '배려'나 '생존'에 가깝다.

이 책에는 나 자신의 감정을 교묘하게 숨기거나, 있지도 않은 새로운 나를 만들어 상대방을 기만하는 기술이 담겨 있지 않다. 또는 주변 환경에 따라 무작정 자기 자신을 버리고 비위를 맞추라는 메시지가 들어 있지도 않다. 단지 주어진 역할에 온몸을 던져 동분서주하는 사람의 이야기가 적혀 있을 뿐이다. 나는 이러한 '가면 쓰기'가 일상 안에서 가능한 한 치열하게 이루어져야 한다고 믿었고, 인텔코리아의 CEO가 된 후로는 완벽한 리더가 써야 할 가면에 대해 항상 고민해왔다.

청년 시절에 연극을 하며 무대에 선 후로, 나는 인생이란 누구도 통제할 수 없는 무대 위에 서 있는 것과 마찬가지라 생각하며 살았다. 무대 위에서는 누구도 나를 도와줄 수 없지만 나를 막을 사람도 없다. 그렇다면 누구도 아닌 나를 위해, 내 배역에 맞는 최선의 연기를 하는 게 인생이라는 연극 속 배우가 해야 할 일이 아닐까.

책 안에서 되도록 번지르르한 성공담보다는 내가 겪었던 아픈 실패나 실수들을 잘 전달하고 싶었다. 실제로 내가 그렇게 살아왔고, 그런 일화들은 부끄럽고 숨겨야 할 일들이 아니라 오히려 나를 자극하고 지금의 위치까지 달려올 수 있게 해준 촉매인 까닭이다. 글로벌 기업의 CEO라면 막힘없는 탄탄대로를 달려왔을 것 같지만, 실제 내 유년 시절부터 사회생활의 상당 부분은 평범함과 누추함으로 점철된, 남들보다 특별히 잘날 것 없는 삶이었다. 하지만 막상 글로 풀어내고 보니 어려웠던 시절에 겪었던 난처함에 대해 잘 표현했는지 의문스럽기도 하다. 개구리가 올챙이 시절을 잊어버리듯, 성공에 취해 과거를 잊지 않으려 했지만 온전히 성공을 거두지는 못한 모양이다.

중요한 건 그 범인(凡人)의 삶을 항상 긍정하고 나 자신을 깨고 앞으로 나아가는 것을 흥미로워했던 내 태도라고 생각한다. 이 책을 통해서 이희성이라는 개인이 부각되기보다는 인텔이라는 기업 안에서 평범한 한 개인이 꿈을 향해 나아가는 자세가 어떠한지 전달되었으면 하는 바람이다. 나 또한 많은 위인과 스승들의 삶 안에서 그러한 것들을 보고 들으며 성장했으니까.

나의 생각을 독자 앞에 풀어놓고 싶다는 욕심은 있었지만, 모든 고민을 평범한 일상 안에서 하나하나 풀어내는 식의 작업은 너무 딱딱하게 느껴졌다. 때문에 3년 전 18일에 걸쳐 동양과 서양을 잇는 거대한 비단길, 실크로드를 찾았던 여정 속에 나의 고민과 생각을 녹여내는 방식을 취해보았다. 오래된 문명의 흔적과 수많은 인종, 중국 서부 개척이 낳은 무수한 트럭과 열차의 행렬이 공존하는 실크로드는 불사의 사막만큼이나 뜨거웠다. 5천 킬로미터 가깝게 달리며 나는 이 세계가 얼마나 치열하게 돌아가고 있는지 실감했다.

　　내 설익은 필력 탓에 실크로드가 준 감동을 10분의 1도 담아내지 못한 점은 못내 아쉽다. 부족하나마 책 속에서 실크로드 여행을 함께하며 독자들이 좀 더 편안히 내 생각을 공유할 수 있길 바란다.

　　낯선 기획에 동참해준 휴먼큐브 출판사, 실크로드를 열어준 가이드 정태윤 씨, 인텔코리아의 모든 직원과 사랑하는 나의 가족에게 감사를 표한다.

2014년 어느 날,

이희성

2부

인텔에 미치다

1부

인생이라는
무대에
막을
올리다

리더의 길을 떠나다

_결심하다

2011년 3월.

새로 장만한 카메라를 만지작거리며 시계를 본다. 내일 북경행 비행기에 오르기까지 15시간 정도 남았다. 배낭을 다시 한 번 점검하다가 방 한편에 놓인 침낭을 보고 피식 웃음을 터뜨렸다. 산악 등산용 침낭이다. 우연한 기회에 만나 친해진 엄홍길 대장이 내가 오지로 떠난다고 하자 조언해준 말이 장비의 중요성이었다. 밤에 벌벌 떨면서 잘 걱정에 대뜸 구입한 침낭인데, 정작 가이드의 말에 따르면 잠은 대부분 여관에서 잔다고 하니 굳이 가져갈 필요가 없게 된 셈이다. 지금은 두고 가지만 나중에 언젠가 쓸 일이 있겠지 싶다.

가족들과 함께한 짧은 여행이나 회사 워크숍이 아닌, 온전히 나를 위한 여행을 떠나는 건 이번이 처음이다. 나이 오십이 넘어서야 이런 여행을 떠나게 되다니, 나도 빡빡하게 살았구나 하는 생각이 든다. 하지만 한편으로는 지금이라도 이런 기회를 갖게 되었으니 다행이다 싶었다. 아마 불과 몇 년 전의 나였다면 여행 계획조차 세우지 않았을 것이다. 저기 고지가 보이고 달려갈 체력도 충분한데 굳이 쉬어갈 이유가 있나, 그저 달려가면 그만이다, 라고 생각했으니까.

그런데 근래 들어 생각이 달라졌다. 브레이크 없이 달려온 인생이기에 이제는 경로 점검을 해야 하지 않을까. 나는 요즘 인텔코리아의 CEO를 넘어 글로벌 인텔의 시니어 포지션으로 나 스스로를 업그레이드할 방법에 대해 고민하는 중이다. 그러면서 조금씩은 은퇴 후 삶에 대해 준비하고 있기도 하다. 물론 나 스스로는 아직 20년은 더 치열하게 일할 나이라고 생각하지만 어쨌든 일할 날이 아주 많이 남지 않은 게 사실이니까. 앞으로 갈 길이 이제까지 걸어온 방식의 확장이든, 아예 새로운 발걸음으로 다가가야 할 또 다른 삶이든, 이제는 과거를 돌이켜보며 스스로를 위로하고 칭찬하고 꾸짖으며 정리하는 시간이 필요하다고 느꼈다.

그러면서 여행지를 고르던 와중에 실크로드를 택한 건 오지 탐험에 대한 막연한 동경이 첫 번째 이유였다. 평소에 오지를 굳이 가고 싶었던 건 아닌데, 막상 여행을 가기로 마음을 먹고 나니 오지라는 두 글자가 불쑥 나에게 다가왔다. 기왕이면 자연에 가깝고 가공되지 않은 곳을 접하고 싶다는 욕구가 솟구쳤다. 야생에서 문명을 동경하듯, 도시에서의 일상이 날것의 삶을 향한 욕심을 키운 모양이다. 오지에서 헤매는 나의 모습을 상상하니 매일매일 이 빡빡한 도시 속에서 잘도 살았구나 하는 생각도 든다. 기껏해야 2주 정도의 여행이지만 그동안만이라도 적당히 벌거벗고 지내고픈 마음이었다.

오지는 오지인데 어디로 갈지가 문제였다. 내 짧은 견문으로 오지라고 하면 동남아나 남미, 아프리카를 떠올리고 있었기 때문에, 박원순 시장이 예전에 해준 이야기가 아니었으면 실크로드를 여행지로 결정하지는 못했을 것이다. 몇 년 전 희망제작소에서 박원순 시장을 도우면서 인연을 쌓던 차에 나는 박 시장이 열흘간 실크로드 여행을 다녀왔다는 이야기를 들었다. 바쁘고 바쁜 사람이 언제 또 시간을 쪼개 실크로드까지 다녀왔을까.

"말로 설명할 수 없죠. 직접 가보시면 후회 안 하실 겁니다."

여행에 대해 묻는 나에게 그는 빙긋 웃으며 그렇게 답했다.

실크로드.

과거 로마와 한나라를 이어줬던 까마득한 길이다. '실크로드'라는 단어가 나를 움직인 건 그곳이 단순한 오지 이상의 어떤 의미를 갖고 있기 때문이다. 실크로드야말로 과정을 상징하는 거대한 역사적 상징물이 아니던가. 사람들은 '동서양 문물의 교류'라는 결론으로 역사를 기억하지만, 사실 그 결론 자체는 지금의 우리에게 큰 의미가 없다. 동양과 서양? 인터넷 클릭 한두 번이면 접촉이 가능하고 비행기 한 번이면 금방 도달할 수 있다. 역사를 현실에 대입하려면 그 과정에 대한 세세한 공부가 필요하다. 1000년도 넘는 과거에 존재했던 그들은 어떤 태도와 노력과 의지로 실크로드를 지나갔을까.

그저 나를 돌아보는 여행이라고 해서 아무 의미도 없이 시간만 보내는 휴식을 원하지는 않았다. 어찌 보면 이 여행은 단순한 쉼이 아니라 또 다른 길을 찾아내고자 하는 치열한 도전이며 부딪침이다. 그 충격을 이끌어내려면 찾아가는 장소 또한 나름의 치열함을 담보한 곳이어야 한다. 실크로드야말로 도정(道程)에 열정과 도전을 간직한 곳이 아닐까. 오랜 세월이 흐르면서 많은 것들이 사라졌겠지만 흔적은 남아 있을 것이다.

분명 여행을 앞둔 나의 심경에는 일말의 절박함이 있었다. 인텔의 CEO로 성장하면서 무수한 도전 속에 성공과 실패를 모두 경험한 나였지만, 이제까지 걸어온 길과 앞으로 바라볼 미래를 모두 모아 새로운 방향을 읽어내는 일은 쉽지 않은 일이다. 만약 이번 여행을 통해 내 과거와 미래에 대한 명료한 정의를 내리지 못한다면 현재에서 후 퇴하는 꼴이 될지도 모른다. 따라서 이 여행의 시간은 온전히 나를 위해 사용하되, 그 한 걸음 한 걸음은 치열할 필요가 있다고 느꼈다.

박 시장은 이런 내 심경을 읽어내기라도 하듯, 실크로드의 정취를 제대로 느끼려면 자전거나 오토바이를 이용해보라는 조언을 건넸다. 하긴, 실크로드는 말 그대로 로드. 나 역시도 실크로드라는 단어를 접하는 순간부터 이 여행의 백미는 길, 길을 밟아가는 것에 있지 않 을까 하는 생각을 했다. 오지 탐험이라는 게 그렇지 않은가. 근사한 무언가를 보러 간다기보다는 그 험악한 환경을 한차례 뚫고 온다는 데 의미가 있는 것이다.

그렇지만 막상 자전거, 오토바이 한 대에 의지해 그 먼 길을 열어 갈 상상을 하니 걱정이 앞섰다. 인터넷에 접속해 실크로드의 길이를 막연히 그려보니 중앙아시아를 다 돌파하지 않고 중국 중부에서 대 충 티베트 정도까지만 가도 왕복 5천 킬로미터가 넘는 어마어마한 거 리다. 그래도 실크로드를 간다고 하면 그 정도 맛보기는 하고 와야 할 텐데, 체력이나 보급은 둘째 치고 그 거리를 감당할 만한 자전거나 오토바이가 있는지도 모를 일이었다.

그렇다고 실크로드에 꽂힌 이상 아예 포기할 수는 없고, 다른 방안을 찾아 인터넷을 뒤져보다가 중국 유학생 정씨를 만나게 되었다. 그는 공부하러 중국에 갔다가 중국이 마음에 들어 아예 눌러앉아 한국인을 대상으로 여행 가이드로 일하고 있는 사람이었다. 그가 열어놓은 인터넷 사이트에는 실크로드를 여행하는 몇 가지 상품이 있었다. 연락을 해보니 그는 이미 몇 차례나 실크로드를 다양한 코스로 주파하며 루트별 장단점과 주요 관광지에 대한 해박한 정보를 가지고 있는 실크로드 전문가였다. 이런 사람까지 만나고 보니 실크로드를 꼭 가야겠다는 확신이 더 강해졌다.

정씨와 연락을 해 차량으로 실크로드를 여행하는 17박 18일간의 여행 일정을 어렵지 않게 잡을 수 있었다. 예상했지만 실크로드 역시 관광지로 개발되어 오지라고 할 것도 없었고, 야외에서 숙박을 하는 등 내가 처음에 생각했던 험난한 고생길이 아니라는 점은 좀 아쉬웠다. 그러나 처음 가보는 길이고 이런 식의 여행 또한 나에게는 처음 아닌가. 너무 많은 욕심을 부리지는 않기로 했다.

글로벌 기업의 CEO로 일하다 보면 여행 같은 건 호사로운 취미가 되기 마련이다. 이 여행은 장기 휴가를 보장하는 인텔의 복지 시스템이 아니었다면 계획하기 어려운 일이었다. 인텔은 1년에 최대 8일씩 7년 동안 휴가를 모을 수 있는 Vacation Bank 제도가 있다. 7년을 열심히 근무한 사람은 최대 56일 동안 연속으로 휴가를 쓸 수 있는 것이다. 주말까지 계산하면 사실상 내리 석 달을 쉴 수 있는 셈이니, 작은 안식년 같은 기분으로 회사생활을 한 템포 쉬어가는 기회로 삼기에 충분하다. 이 제도를 활용해 유럽 일주를 떠나 스페인 산티아고 등으로 두 달이 넘는 행군(?)을 떠난 직원의 이야기를 듣고 나도 어디론가 떠나볼까 싶어 계산해보니 내가 쓸 수 있는 휴가는 3주 남짓이었다. 아주 길지는 않지만 그래도 보름 정도면 세계 어디든 가볼 수 있는 시간이 아닌가.

누구나 어느 시기가 오면 쉬면서 정리하는 시간을 갖고 싶어하리라 생각하지만 회사생활을 하면서 그런 기회를 갖기가 쉽지는 않다. 때문에 이러한 기회를 아예 제도화해서 제공하는 것 또한 회사의 몫이라 본다. 인텔은 전 세계 어느 곳이나 모든 직원이 이 시스템의 수혜를 공평하게 받을 수 있다. 또 보여주기식으로 제도를 갖추기만 하는 게 아니라 제도가 실제 작동하게 하는 노력도 필요하다. CEO가 솔선수범해 제도를 활용해야 하고, 업무 공백에 대해 걱정하지 않아도 되는 회사 분위기와 서로 간의 신뢰 또한 중요하다. 이 모든 것을 인텔이 갖춰준 덕분에 나는 눈치 보거나 걱정하지 않고 편안히 여행을 떠날 수 있었다.

이제 실크로드는 목전에 있다. 내일 나는 북경에 도착해 가이드 정씨가 기다리는 시닝행 비행기로 갈아타 중국 중부 한가운데에서 실크로드의 초입을 바라볼 것이다. 그리고 이 여행에서 내 안의 고민을 하나씩 곱씹으며 수천 년 전 무수한 상인과 승려들이 걸었던 길을 달려갈 것이다.

여행을 앞두고 정씨를 특별히 귀찮게 하지는 않았지만 꼭 물어보고 싶었던 질문이 있었다.

"밤에 사막에서 별을 보고 싶은데 가능할까요?"
"타클라마칸 사막에서 텐트를 치고 잠을 잘 기회가 있을 겁니다. 운이 좋으면요."

그런 질문을 받은 게 처음이 아닌지, 정씨는 막힘없이 대답했다.
운이 좋으면. 사막의 모래바람이 심하면 야외에서 자기 어렵다는 정씨의 설명이었다. 이번 여행에서 나는 그 행운을 거머쥘 수 있을 것인가. 실크로드 중간중간에 위치한 사막 풍경을 사진으로 보며 나는 그 사막 한가운데서 별이 쏟아지는 광경이 보고 싶어졌다. 사막에서 만나는 별은 어릴 적 살았던 시골 동네에서 봤던 별과는 또 다른 모습일 터이다. 고향에서 본 별이 얌전하고 고요하게 어둠을 밝히는 별이었다면, 사막의 별은 우주로 빠져 들어갈듯 강렬한 힘으로 나를 잡아당길 것이다. 그 위와 아래의 경계가 무너진 우주 속에 이 여행을

인생을 이만큼 왔으니 뭔가 내려놓고 돌아보고 욕심이
나 번민들은 버리자, 회사에서 그간 열심히 아등바등
살았던 것을 내려놓고 진정 나를 생각해보자.

통해 내가 찾고자 하는 무언가가 있을 것 같은, 알 수 없는 기대감이 생겨났다. 나는 과연 별을 만날 수 있을까. 나는 이번 여정에서 리더로서 내가 앞으로 걸어가야 할 방향에 대한 답을 얻을 수 있을까.

이곳을 지나는 모두가
행복하길 바란다

_시닝에서 더링하까지

누군가가 이야기했던 것처럼 여행은 사실 떠나기 전날 끝나버리는 건지도 모르겠다. 인천공항에서 북경행 비행기에 몸을 실음과 동시에 어쩐지 어젯밤 잠들기 전 느꼈던 흥분이 사라지고 나른한 기분이 들었다. 비행기에서 내려 실크로드를 실제로 접하면 달라질 거라 생각하며 북경에 도착했다.

실크로드에 동행하는 사람은 나 말고 두 명이 더 있었다. 치과의사 한 사람과 그와 같이 일하는 파트너였다. 여기에 가이드 정씨와 운전기사까지 합쳐 총 다섯 명이 한 팀이 되어 18일간 여행하는 것이 우리의 계획이었다. 실크로드를 여행하는 루트는 여러 가지가 있지만 우리는 시닝에서 출발해 칭하이호를 통과하여 둔황, 투루판, 카르카슈, 우루무치로 이어지는 무난한 코스를 선택했다. 조금 차이가 있다면 대부분의 경우 란저우를 통과하는 방식을 택하지만 우리는 칭하이호를 거치기 때문에 보다 남쪽으로 돌아간다는 게 달랐다. 전체적으로 국경을 넘지 않고 중국 중서부를 아울러 북쪽으로 돌아 큰 원을 그리고 시닝으로 돌아오는 방식이었다. 마음 같아서는 정식 실크로드의 코스를 밟아 티베트 너머 중앙아시아까지 가보고 싶었지만 시간상 다음 기회를 기약했다.

정씨와 운전기사는 시닝에서 합류할 계획이었고 나와 동행하는 두 사람은 인천공항에서부터 같이 비행기를 타기로 했는데 처음부터 예정에 어긋나는 일이 생겼다. 같이 오기로 한 의사 선생이 급한 일이 생겨 초반 여행을 같이하지 못한다고 연락해온 것이다. 결국 다른 한 사람과 나만 북경에서 만나 시닝으로 향했고, 의사 선생은 따로 비행기를 타고 3일 후 여행 중에 합류하기로 했다.

티베트 고원의 동쪽 가장자리에 위치하는 시닝은 꽤 큰 도시였다. 3월 말, 한국은 봄기운이 찾아올 시기이지만 시닝은 꽤 쌀쌀해 늦겨울 분위기가 났다. 나중에 안 사실인데 시닝은 중국 내에서 여름에도 시원할 정도로 평균 기온이 낮아 여름 휴양지로 유명하다고 한다. 살짝 추웠지만 엄살 부릴 정도는 아니었다. 실크로드는 사막을 여럿 지나야 하는 여정이라 여름이나 겨울보다는 지금이 훨씬 여행하기에 좋은 날씨일 것이다.

공항을 나서니 정씨가 차량을 대동하고 우리를 마중 나와 있었다. 먼 길을 가는 만큼 사륜구동의 튼튼한 지프차를 예상하고 있었는데 우리를 기다리는 차는 연식이 오래되어 보이는 낡은 스타렉스였다.

"갈 길이 먼데 이 차로 괜찮을까요? 지프차를 생각했는데."
"가는 데는 문제없습니다. 차를 오래 타야 하니 시트가 편한 게 좋죠. 지프차는 앉아 있기 불편할 겁니다."

일견 일리 있는 말이지만 그래도 마음이 조금 불안했다. 어쨌든 네 사람이 차에 몸을 싣고 첫 번째 목적지를 향해 출발했다. 시닝에도 티베트 사원을 비롯해 몇 가지 볼거리들이 있다고 했으나 갈 길이 워낙 멀었다. 아직 정오가 조금 지난 시간이었다. 날이 저물기 전에 조금이라도 서쪽으로 이동하기로 했다.

가는 길에 들른 곳은 칭하이성 라지산이었다. 이 산은 도로가 통과하는 산이라 정상까지 차로 올라가는 게 가능했다. 대신 해발 3,800미터에 달하는 꼬불꼬불한 급경사를 멀미나도록 올라가는 건 감수해야 했다. 산 정상에는 티베트의 명물 타르초가 가득 걸려 있었다. 타르초는 불교 경전의 글귀가 적힌 오색의 깃발을 말한다. 티베트 사람들은 줄이나 기둥에 타르초를 거는 한편, 알 수 없는 티베트 말을 외치며 소원을 적은 종이를 하늘에 뿌렸다. 이 종이는 룽다라고 했다. 정씨는 이들이 바로 티베트 원주민인 장족이라고 설명해줬다.

문득 이 사람들이 비는 소원이 무엇일지 궁금해졌다. 마침 바로 앞에 소원을 적어 뿌리는 장족 부부가 있어 정씨에게 부탁해 무슨 소원을 적었는지 물어봐달라고 했다. 장족 부부는 이방인들이 낯설지 않은지 흔쾌히 정씨의 질문에 대답하며 사진 촬영에도 응해주었다.

"뭐라고 적었다고 하나요?"
"두 가지를 적었다고 합니다. 하나는 가족의 건강이죠."
"또 하나는요?"
"모두를 위한 소원을 빌었다네요. 이곳을 지나는 모두가 행복하길 기원했답니다."

모두를 위한 소원. 장족 부부는 나를 포함해 이름도 알지 못하는 모두를 위해 기도하고 있었던 것인가. 갑자기 나는 멍해진 기분으로 기도를 마치고 멀어지는 장족 부부를 바라보았다.

정씨의 대답을 듣자 어떤 한 장면이 떠올랐다. 작년 어느 대학 강

이곳을 지나는 모두가 행복하길 바란다.

연에서 학생에게 질문을 받았을 때였다. 경영학을 전공하는 학생이라고 했다.

"사장님, 저 역시 사장님과 같은 비즈니스 리더를 꿈꾸고 있습니다. 그런데 혹시 사장님은 비즈니스맨이 가져야 할 특별한 성향 같은 게 있다고 생각하시나요?"

나는 망설임 없이 대답했다.

"한 가지로 정해진 건 없다고 생각해요. 다만 제 경우를 예로 들어 말씀드린다면 누구를 만나더라도 이 사람을 이기거나 제압한다는 생각보다는 함께 이득을 보고 같이 가려고 합니다. 그렇게 같이 살아남으려는 생각 자체가 비즈니스의 출발이 아닐까 싶네요."

그때 질문을 한 학생은 고개를 살짝 갸우뚱하며 자리에 앉았다. 그 학생은 비즈니스란 경쟁이나 승리라고 생각해왔기에 나에게서 좀 더 투쟁적인 해답을 원했는지도 모르겠다. 하지만 인텔에 입사한 후 마켓 팔로워의 위치에서 리더를 따라가는 경쟁을 늘 해왔던 내 인생을 돌아봐도 특정한 누군가를 눌러 이기는 것이 비즈니스라 믿은 적은 별로 없었다. 성격 자체도 남보다 우위에 서려 하기보다는 두루두루 무난하게 친해지고 공존하는 인간관계를 맺어가는 걸 중요하게 생각했고, 나에게는 그것이 편했다.

어떤 사람은 이런 성향을 친화력이라 부르기도 하고 영업 전략이라 부르기도 하지만, 결국 그 심정이란 상생의 마음이 아니었을까. 상대를 속이고 누르려는 의도를 품고 비즈니스를 하면 당장은 이득을 볼 수 있을지 몰라도 결국 더 큰 것을 놓치게 된다. 그렇게 해서 내가 움켜질 수 있는 건 내 작은 두 손에 들어오는 양뿐이다. 함께 잡으면 훨씬 더 많은 것을 얻을 수 있다. 사업에서 가장 중요한 요소가 신뢰라고 하는데, 신뢰의 출발은 당신과 내가 같이 살아가고자 함을 진심으로 보여주는 것이다. 이는 더 나아가 하나를 보고 모두를 고민할 수 있는 글로벌 마인드로 이어지는 핵심 기질이기도 하다.

나는 글로벌 기업에서 상생의 가치로 사업을 해오며 많은 파트너, 고객과 좋은 관계를 맺어왔다고 자부한다. 사업을 하느라 그랬다기보다는 그렇게 두루두루 잘 지내는 게 기질적으로 편하고 즐거웠기 때문이다. 모두가 완벽하게 행복한 사회가 되는 것은 불가능할 것이다. 하지만 그것을 바라는 마음으로 살아가는 건 나 스스로의 행복에 도움을 준다.

아마 모두의 행복을 빈 장족 부부의 마음은 충만했으리라. 나는 낯선 곳에서 나와 같은 행복으로 살아가는 동료를 만난 것 같아 반가웠다. 그들 부부는 겉으로 보기에는 그저 티베트의 시골 마을에 고립되어 살고 있는 소수민족이지만, 그들의 마음은 글로벌 마인드에 도달해 있는 것이나 다름없었다.

라지산을 내려와 칭하이호 인근에 도착했다. 칭하이호는 면적이 4천 제곱킬로미터가 넘는 어마어마하게 큰 소금호수다. 호숫가에 서서 광활한 수평선을 바라보며 불어오는 소금기 섞인 바람을 얼굴에 맞으니 어느 해안의 만을 마주하고 있는 듯한 기분이 들었다.

칭하이호를 빠져나오는데 삼보일배를 하고 있는 장족 여인을 만나 잠시 그녀의 모습을 지켜보았다. 정씨에 따르면 이는 장족이 일생에 한 번은 해야 하는 고행으로 이 큰 호수 한 바퀴를 삼보일배로 다 돈다고 했다. 그녀 옆에는 삼보일배를 도와주기 위해 옷과 음식을 받쳐 들고 있는 남자가 차분히 뒤따라가고 있었다. 조금 무례하지 않을까 걱정하며 사진기를 들었는데 여인이 잠시 절을 멈추고 싱긋 웃으며 포즈를 취해주었다. 반질반질하게 닳은 무릎과 파인 이마를 보니 여간 고되어 보이지 않았는데 표정에는 여유가 있었다.

첫날 묵을 숙소가 있는 귀문에 도착했을 때는 해가 지고 한참이 지난 후였다. 오랜만에 장시간 차량 이동을 해서인지 자리에 눕자 피로가 몰려와 바로 잠이 들었다.

다음날 아침식사를 하자마자 차에 올랐다. 다음 목적지인 더링하까지는 하루를 꼬박 가야 다다를 수 있다. 일정이 바쁜 데다 길도 험해 특별히 다른 곳을 돌아보지는 못했다. 점심을 먹기 전에 들른 일월산이 전부였다. 애초에 고지를 달리고 있는 데다가 차로 올라간 덕분에 산을 오른다는 느낌은 별로 없었지만 일월산 역시 해발 3,500미터에 달하는 높은 산이다. 이곳은 당나라 태종의 수양딸 문성공주를 기리는 비문으로 유명하며, 실크로드에서는 잘 알려진 여행지이다.

비문의 내용과 정씨의 지식을 통해 접한 문성공주의 사연은 꽤 흥미로웠다. 그녀는 당나라의 공주였지만 화친을 목적으로 먼 이국의 땅 토번의 왕자에게 시집을 갔는데, 이곳 일월산은 문성공주가 시집을 가면서 배웅하는 당나라 사람들과 눈물의 작별을 했다는 곳이다. 시집을 가서는 토번 왕자가 갑자기 죽는 바람에 대신 토번 왕의 왕비가 되었다고 한다. 문성공주는 40년간 토번의 왕비로 살면서 토번 내에 당나라 문화를 전파하는 등 토번과 당나라 사이의 우호와 문화 교류에 큰 역할을 했다고 전해진다. 특히 그녀는 당나라의 불상과 차를 토번에 들여갔는데, 토번인들이 차를 마음에 들어해 토번의 말과 당나라의 차를 맞바꾸는 교역이 시작되는 계기를 만들었다고도 한다.

일월산을 지나 잠시 점심식사를 할 때를 제외하고 오후 내내 계속 달렸다. 길은 포장과 비포장의 반복이었다. 중간중간 비포장도로를 지나는 게 힘들었다. 도로 옆으로는 철도가 나란히 이어져 있었다. 때로는 도로의 왼쪽에, 때로는 도로의 오른쪽에 있는 이 철로는 티베트의 중심 라싸까지 연결되는 칭짱열차길이었다. 칭짱열차는 하늘열차라고도 하는데 그 이유는 철도가 티베트와 칭하이성의 경계에 있는 거대한 탕구라 산맥을 지나는 까닭에 그 높이가 세계에서 가장 높기 때문이다. 이 길을 오토바이나 자전거로 달렸을 생각을 하니 헛웃음이 나왔다. 진짜 도전했으면 그 나름의 재미가 있었겠지만 보통의 의지로 갈 수 있는 길은 아닌 듯했다.

오후 여섯시가 넘어 목적지인 더링하에 도착했을 때 예상치 못한 사건이 터졌다. 지친 몸을 이끌고 숙소에 들어가서 쉬고 있는데 갑자기 중국 공안이 들이닥쳤다. 그리고 정씨를 불러내더니 한참 실랑이를 하며 그를 위협하는 듯한 고압적인 행동을 취했다. 정씨 또한 당황한 듯 어쩔 줄 몰라하며 공안의 이야기를 듣고 있었다. 한참을 윽박지른 후 공안이 떠나자 나는 그를 붙들고 무슨 일인지 물었다.

"이거 큰일이네요. 몰랐는데 인근에 군사시설이 들어와서 이곳이 외국인 출입금지 구역으로 지정됐답니다."
"네? 그게 무슨 말이죠?"
"공안당국이 이쪽에 출입 통제를 걸어놨는데 늘 다니던 곳이라 제가 미처 체크를 못했습니다. 죄송합니다."

"그럼 어떻게 합니까? 여기서 더 못 간다는 말씀입니까?"

"이쪽 길로는 안 됩니다. 공안은 무조건 내일 시닝으로 돌아가라고 하네요. 제 이름이 블랙리스트에 올라 앞으로 6개월 동안 전화가 도청된다는 둥 별 얘기를 다 들었습니다. 정말 죄송합니다. 일단 시닝으로 돌아가서 일정을 다시 짜야 할 것 같아요."

풀이 죽은 정씨를 보니 딱히 화를 내거나 그를 나무랄 마음도 들지 않았다. 출입 통제를 미리 확인하지 못한 그의 잘못이지만 어쩌겠는가. 동행에게도 상황을 설명하고 내일 날이 밝는 대로 시닝으로 돌아가기로 했다. 무엇보다 시닝에서 이곳까지 오고 다시 돌아가는 이틀의 시간이 날아가게 된 것이 못내 아쉬웠다. 돌발 상황이 늘 벌어지는 것은 여행이나 비즈니스 환경이나 마찬가지인 듯싶다. 피할 수 없으면 즐기면 되는 것, 예기치 못한 상황에서 나는 이번 여행의 다른 목적이기도 한 나를 돌아보고 생각하는 여유를 다시금 상기했다.

한 평 칠 홉

_강원도 촌놈

어린 시절을 돌아보면 가장 먼저 떠오르는 말이 '한 평 칠 홉'이다. 문을 열면 한눈에 들어오는 조그만 방에 옹기종기 모여 집안일을 하고 함께 잠을 자던 가족들. 지금도 가끔 아버지는 나에게 말씀하신다.

"한 평 칠 홉, 잊지 마라."

아내와 세 명의 자식, 다섯 식구를 부양하며 6년 만에 '한 평 칠 홉'을 탈출한 아버지에게 그 단어는 각별한 의미를 지닐 것이다. 당신이 나에게 그 말을 하시는 이유는 나태해지는 순간 그 방으로 돌아갈 수도 있음을 경고하고 격려하는 아버지의 마음일 터이고. 하지만 사실

나는 아버지처럼 유년기의 기억을 '지긋지긋한 가난 속에서의 악전고투'로 정의 내리지는 않는다. 중학교 때 서울로 상경해 배추장사를 하는 아버지 밑에서 6년 동안 그런 방에서 지냈지만, 우울한 기억은 딱히 없었다. 그때는 힘들었지만 돌아보니 괜찮았다는 의미도 아니다. 그저 당시에 많은 사람들이 나와 비슷한 삶을 살았고, 나만 유독 불행한 건 아니라는 생각을 어려서부터 하며 살았던 것 같다.

'어려운 것이 평범한 것이다.'

그 생각 뒤에는 나를 항상 믿고 지원해준 부모님의 희생이 있었지만, 어쨌든 나는 그렇게 생각하며 살았다. 우리 가족이 처음부터 그렇게 빡빡하게 살았던 건 아니다. 내가 태어난 곳은 강원도 고성군의 북쪽에 있는 토성면 봉포리라는 곳이다. 아버지는 서울에서 조교로 근무할 기회를 놓치고 시골로 내려온 어부였다. 그다지 모자랄 것도, 남을 것도 없는 어촌이었고 그럭저럭 사는 생활이었지만 집은 꽤 넓어 나와 동생이 같이 차지하는 방이 있을 정도는 되었다.

내가 다닌 천진초등학교는 한 학년이 남녀 2반으로 운영되었지만, 우리 학년만은 50명 정도 되는 규모의 남녀 합반이었다. 나름 고성군 내에서는 역사가 있는 초등학교였다. 학교에서 나는 공부를 잘한 편이었다. 3학년 이후부터는 공부나 경시대회, 웅변대회에서 학교 대표

노릇을 했다. 부모님의 자식 교육은 당시 동네 분위기를 생각하면 유별난 정도였다. 친구들이 우리 집 바로 앞에 있는 밭에서 소리를 내며 놀 때도 나는 책을 읽었다. 친구들 중에는 농부 집안도 있고 어부 집안도 있었는데 소 풀 먹이기 등 어른들의 일손을 돕는 일이 예사였다. 하지만 부모님의 배려로 또래 중에 나만 그런 일에서 열외였고, 덕분에 오로지 공부에 몰두할 수 있었다.

당시 내가 기억하는 아버지는 전형적인 농부나 어부의 삶을 살지 않았다. 아버지는 신중한 성격이었지만 확신이 서면 새로운 일을 시작하는 데 주저하지 않았다. 계절마다 하는 일이 달랐는데, 겨울에는 값이 나가는 양미리를 잡고, 여름에는 낙산사에 가서 모터보트에 손님을 태우는 일을 했다. 터전은 봉포리에 두되, 한곳에 머물지 않고 여러 가지 일을 벌이는 건 그 당시 그리 흔한 풍경은 아니었으리라.

돌이켜보면 아버지가 한겨울에 선원을 모아 새벽 서너시쯤 집에서 라면을 끓여 먹고 나가 양미리를 잡아오던 기억이 난다. 양미리 한 마리면 엿 하나는 바꿔 먹을 수 있었기 때문에 배에서 그물을 내릴 때 나란히 서서 고기 한 마리라도 튀어나오지 않을까 기다리던 친구들이 떠오른다. 그걸 또 막는다고 남동생은 지키고 서 있기도 했다. 그렇게 잡아온 양미리를 팔 때는 중간 마진을 줄인다며 굳이 시간을 내 속초의 도매상까지 가는 억척스러운 사람들이 내 부모님이었다.

내가 중학생이 되었을 때 아버지가 서울 상경을 생각한 건 교육열 때문이었다. 속초에서 가장 큰 속초중학교로 진학했는데도 아버지는 만족하지 못하고 6개월 만에 서울로 이사할 것을 결심했다. 할머니의 남동생이 서울의 시장에서 옷 장사를 했는데, 아버지는 자식 교육 하나만을 생각하고 그간 꾸려놓은 시골의 모든 가업을 전폐해 서울로 올라간 후 새로운 일을 배워 가족을 먹여 살렸다.

서울에서 나는 속초에서만큼은 아니었지만 공부를 어느 정도 했고 말투도 시골 말투를 쓰지 않은 덕분에 금방 적응할 수 있었다. 어린 시절을 생각해보면 나는 사투리를 쓰지 않았다. 시골 마을인 만큼 친구들은 전형적인 강원도 사투리를 썼는데 나만 쓰지 않았던 것이다. 우리 어머니도 지방 출신이었지만 어려서부터 서울에 살아 서울말이 익숙했고, 그런 어머니와 이야기하다 보니 내 입에 서울말이 배어 있었기 때문이다.

서울에서 만난 풍경도 그다지 생경하지 않았다. 시골 살던 사람이 서울에 가보면 코 베어가는 느낌에 정신을 못 차린다고 하는데, 어려서 부모님을 따라 속초를 들락거리고 속초중학교를 다니면서 속초의 풍광이 눈에 익어서인지 서울이 낯설지 않았다. 지금도 그렇지만 속초는 서울의 유행을 그대로 따르는 도시였다. 속초가 서울 사람들이 흔히 찾는 유명한 관광지다 보니 자연스럽게 서울의 흐름에 맞춰갈 수 있었던 것이다.

서울에 올라간 후에도 농어촌 생활과 완전히 단절된 건 아니었다. 여름방학이면 시골에 내려가서 남아 있는 친구들과 어울려 놀며 동네의 분위기를 만끽했다. 고향에 가면 서울 간 친구가 돌아왔다며 동네 친구들이 여럿 모여 나를 반겨주곤 했다.

이 모든 것을 돌아보면 나는 어린 시절에 도시와 농촌의 삶을 모두 경험하면서도 그 사이에서 별 충돌 없이 유년기를 잘 보낸 편이 아닌가 싶다. 강원도 시골 출신이지만 부모님의 영향으로 도시의 감수성을 늘 접했고, 그러면서도 시골의 정취 역시 나름대로 맛보고 자란 건 지금도 행운이라고 생각한다. 서로 전혀 달라 보이는 양면을 함께 보며 접점을 찾고 가능성을 만들어내는 습관이 여기서부터 생긴 게 아닐까.

그렇지만 내가 가진 특별함은 여기까지였다. 나는 곧 고등학교에 진학해 머리를 빡빡 깎은 50~60명의 급우들 틈에서 새벽부터 밤늦게까지 공부하는 입시 준비생이 되어 3년을 보냈다. 내가 다닌 학교는 서초동에 있었는데 공부 말고 다른 것은 생각하기 어려운, 숨 막히는 험악한 분위기였다. 〈말죽거리 잔혹사〉라는 영화를 본 사람은 알 것이다. 그 영화를 만든 유하 감독이 나와 고등학교 동기다. 유하 감독의 머릿속에 있는 고등학교가 그 영화에 구현된 셈인데, 나는 그런 학교에 다녔다.

그렇다고 그 영화에 나오는, 주먹 휘두르고 싸움하는 친구들처럼 살았다는 건 아니다. 나는 개근상을 받는 모범생이었고 1학년 때부터는 주일마다 교회에 빠지지 않고 나가 기도를 했다. 다른 친구들이 노는 일요일에 교회에 나가 하느님을 생각하며 지난 한 주를 참회하는 시간을 가졌으니, 지금 생각하면 참 반듯해도 너무 반듯한 학생이 아니었나 싶기도 하다.

나는 사춘기의 반항조차 교리 논쟁으로 풀어내곤 했다. 전도사와 성경에 대한 해석 차이로 종종 싸웠는데 특히 예정론이 마음에 들지 않았다. 신이 이미 다 정해놓았다면 내 자유의지는 무엇이고 인간이란 도대체 무슨 의미를 갖는단 말인가. 사춘기에 해소되지 못한 기독교에 대한 회의감은 나를 조금씩 교회 밖으로 내몰긴 했지만, 돌이켜보면 내 삶의 실마리는 교회 활동에서 많이 나왔다.

교회에서는 흔히 크리스마스에 축전을 연다. 주변 사람들을 불러다가 먹거리를 나누어주고 전시회를 하고 노래도 부르면서 전도를 하는 행사였는데, 나는 그중에 특히 연극에 금세 빠져들었다. 고등학교 3학년 때 처음 교회에서 하는 연극의 주인공을 맡아 연극 경험을 했는데, 연습이 굉장히 재미있어 입시를 불과 한 달 앞뒀을 때도 크리스마스 공연 준비를 한다며 사도 바울의 대사를 외우곤 했다. 연극이 무엇인지도 모르고 연기에 대해 따로 배운 적도 없었지만, 무대에 나가 내가 아닌 또 다른 누군가의 삶을 산다는 게 신기했다. 크리스마스 공연을 성황리(?)에 마친 후 나는 대학에 가서도 연극을 할 수 있다면 꼭 해봐야겠다는 생각을 했다.

이 정도가 대학에 입학하기 전까지의 내 삶이다. 유년기를 돌아보며 현재의 나와 비교해보면, 과연 리더의 DNA라는 게 따로 존재할까 하는 의문이 든다. 중고등학교 시절 나는 학교에 나오지 않아도 눈치채지 못할 법한 얌전한 모범생이었고, 그렇다고 전교에서 꼽힐 정도로 공부를 잘한 것도 아니었다. 그저 새로운 환경에 도전하는 걸 두려워하지 않았던 아버지의 영향으로 낯선 것을 받아들이는 것에 대한 거부감이나 두려움이 적었고, 도시와 농촌을 아우르는 감성을 지닌 복합적 인물이었다는 점이 조금 특이하다고나 할까.

인텔코리아의 CEO로 하루하루를 살아가는 지금의 나와 강원도 어촌에서 태어나 한 평 칠 홉의 가난 속에서 자란 소년 사이에 어떤 관계도 없진 않겠지만, 현재를 만들어준 결정적인 단서가 들어 있지도 않다.

이것이 바로 인간이 변화하고 진화한다는 증거가 아닐까? 과거의 나와 현재의 나, 미래의 나는 모두 다르고, 그 차이를 만들어가는 건 나 자신이다.

고객에게 물어라

_가욕관을 넘으며

시닝으로 돌아오는 하루 종일은 우울하다면 우울하기에 충분한 분위기였지만, 나는 딱히 기분이 나쁘다거나 정씨를 원망할 생각은 들지 않았다. 나쁜 일을 미연에 방지하기 위해 노력해야겠지만 이미 벌어진 일이라면 그 일에 좌절하거나 내내 곱씹지 않는 게 내 성격이다. 그리고 이런 좋지 않은 일을 겪으면 앞으로 더 나쁜 일은 없겠거니 하면서 털어내는 대책 없는 낙천성이 지금까지 나를 달려오게 해준 힘이기도 하다.

책이나 강연, 개인적인 만남을 통해 접한 여러 CEO나 리더 중에는 나와 비슷한 성격을 가진 사람이 많았다. 삶을 긍정하는 특유의 여유

나 미래를 밝게 바라보려는 마인드가 기본적으로 깔려 있는 사람이 대부분이었던 것 같다. 내가 존경하는 CEO 중 한 명인 이채욱 부회장도 마찬가지다. 그분의 표현에 따르면 역경을 달갑게 받아들인다는 마인드가 스트레스도 줄이고 미래지향적인 사고를 가능하게 한다. 달면 삼키지만 쓰면 뱉는 게 사람 마음인데, 쓴 것을 달게 삼킨다는 게 우습게 느껴질 수도 있지만, 결국 핵심은 자기 자신을 위해 좋은 길이 무엇일까 생각해야 한다는 것이다. 우울하고 슬픈 감정을 억눌러서는 안 되겠지만, 자신의 감정을 일차적으로 인정하되 그 안에서 희망과 비전을 찾는 것이 적어도 정신건강에는 도움을 주지 않겠는가.

그런데 이러한 긍정의 달인이 되기 위하여 선행되어야 할 것이 바로 유연한 사고다. 만약 내가 이번 여행에서 '반드시 18일 동안 모든 일정이 계획대로 알차게 진행되어야 하고 하루라도 허투루 사용되는 것은 참을 수 없다'라고 생각했다면 정씨의 부주의함을 견디기 어려웠을 것이고, 화를 내며 시닝으로 돌아가자마자 북경행 비행기를 탄 후 환불을 요구했을 수도 있다. 그러나 그렇게 하면 당장의 화는 풀릴지 몰라도 실크로드 여행 자체가 무너지고 궁극적으로는 어렵게 마련한 3주간의 내 휴가 계획도 물거품이 되고 만다. 나는 서울로 돌아가 새로운 휴가 계획을 세우느라 머리를 싸매야 했을 터이다.

나는 이런 것도 여행의 일부라고 생각하고 이런 실수를 한 대신 정씨가 앞으로는 더 신경 써서 여행을 리드하고 세심하게 나를 배려해 주지 않을까 하는 기대를 하며 우울한 기분을 툭툭 털어냈다. 처음 3일은 시닝과 더링하를 오가며 날아가버렸지만 아직 15일이나 남아 있지 않은가. 여행은 이제 막 시작됐을 뿐이다.

어쨌든 돌아오는 500킬로미터의 길은 참 길었다. 사흘 정도 달린 덕분에 어느 정도 이 근방의 도로 풍경에 익숙해졌다. 우선 이 지역은 대체로 반은 사막이고 반은 초지다. 초지가 넓어지면 좋겠지만 사막화가 진행되고 있다고 보는 게 옳다. 군데군데 풀과 나무가 자라는 사이로 모래가 빼곡히 들어차 있었다. 10년 후쯤 이곳을 찾으면 사막이 되어 있지 않을까 우려스러울 정도였다.

그리고 인상적인 건 비포장도로 곳곳에서 만날 수 있는 양과 야크, 그리고 도로변에 무수히 보이는 무덤이었다. 목축업이 활발하니 양과 야크는 그렇다 쳐도, 도로변에 보이는 수많은 무덤은 누구의 무덤이고 왜 그곳에 있는지 정씨도 알지 못했다. 하도 궁금해 잠시 차를 세워 무덤가로 가 보았지만, 돌로 만들어진 규모가 큰 무덤이라는 것 외에는 비석도 세워져 있지 않아 사연을 알 수가 없었다.

그렇게 하루 종일 달려 다시 돌아온 시닝에서 새로운 여행객이 합류했다. 원래 처음부터 같이하려고 했다가 개인 사정으로 오지 못했던 의사 선생이 급한 일을 끝내고 우리가 시닝으로 돌아온 김에 시간을 맞춰 합류한 것이다. 일행은 다섯 명으로 늘어났다.

시닝의 숙소에서 우리는 계획을 다시 세웠다. 원래는 시닝에서 출발해 완전히 한 바퀴를 돌아 시닝으로 다시 돌아오려고 했지만, 마지막 목적지인 우루무치에서 시닝으로 돌아오는 루트를 생략하고 우루무치에서 바로 북경행 비행기를 타고 돌아가면서 잃어버린 이틀을 최소화하는 방식으로 바꿨다. 덕분에 우루무치에서 북경으로 향하는 비행기 비용이 추가로 발생해 정씨는 거듭 사과를 해야 했다. 너무 의기소침해지지 않도록 정씨를 격려해주고 같이 온 사람들을 설득해 결국 바뀐 일정에 맞춰 움직이기로 했다.

새로운 길을 따라가니 전보다 급격히 북쪽으로 올라가게 되었다. 그래서인지 시닝을 출발해 기린산맥을 넘을 때쯤에는 때 아닌 눈발이 날렸다. 정씨의 설명에 따르면 이 지역에서 유별난 일은 아닌 모양이다. 눈이 오자 차가 달리는 속도가 급격히 느려졌다. 정체구간을 지나듯 천천히 움직여 목적지까지 시간이 더 오래 걸렸다.

그렇게 한참이 걸려 문원을 지나 가욕관 근처에 도착하자 돌고래 모양의 레이더기지를 관광타워로 확장한 건물이 눈에 들어왔다. 화려한 조명시설이 갖가지 색깔을 뽐내 마치 라스베이거스에 있는 건물을 보는 듯한 인상을 준다. 군사시설을 관광상품으로 개발하다니 중국인의 상술이 대단하다. 타워에 올라가 멀리 보이는 설산의 웅장한 풍경을 바라보았다.

실크로드에서 처음 만난 대규모 상업시설을 보니 사업이란 것에 대해 다시 생각하게 된다. 실크로드가 잘 알려진 관광지가 된 만큼, 이런 기회를 적극적으로 이용하는 건 중국 입장에서는 당연한 일이다. 레이더기지를 관광타워로 개발한다는 아이디어도 나쁘지 않다. 다만 실크로드를 걷고 싶어 온 관광객들이 이렇게 거대하고 화려한 관광타워를 얼마나 반가워할지에 대해서는 의문이다. 만약 실크로드의 특성을 더 고민하고 관광객들과의 접점을 고민했다면 조금 더 흥미로운 건물이 만들어지지 않았을까?

결국 비즈니스란 고객을 어떻게 이해하는가의 문제다. 내가 가진 영업 비결을 묻는 사람이 있다면, 흔한 이야기지만 철저하게 고객의 입장에 서야 한다는 것을 다시 한 번 강조하고 싶다. 다른 사람의 입장에 선다는 말을 바꾸면 고객이 무엇을 가치 있게 여기는지 이해해야 한다는 뜻이다. 비즈니스의 세계라서 누구나 경제적 이득 등 비슷한 가치를 추구하고 있을 것 같지만 결코 그렇지 않다. 만약 가치라는 말이 너무 포괄적이라 핵심을 잡아내기 힘들다면 고객이 처해 있는 문제점을 파악하는 데 초점을 맞추는 것도 바람직하다. 고객이 무언가를 원한다는 건 반대로 말해 어떤 부분에서는 결핍을 느끼고 있다는 의미이기 때문이다.

그런 것을 어떻게 알 수 있느냐고? 놀랍게도 고객이 가르쳐준다. 좋은 질문은 좋은 답을 끌어내기 마련이다. 고객에게 문제가 무엇인지를 먼저 물어보고 말을 시켜보라. 슈퍼세일즈맨들은 어떤 질문을 던지고 그 질문을 통해 딸려나오는 인간의 고민을 어떻게 이해할 것인가에 대해 학습하고 연구한다. 더욱 놀라운 점은 문제에 대한 해결 방식 또한 고객이 가지고 있다는 것이다. 문제를 알아냈다고 해서 성급하게 "그 문제를 해결하려면 우리 제품을 쓰면……"이라고 말할 필요가 없다. 당장 눈앞의 대화만으로 그가 가지고 있는 복잡한 문제가 모두 드러났다고 생각하면 착각이다.

'그 문제를 해결하려면 어떻게 하면 좋을까?' '가격을 낮추면 모든 게 해결될까?' '성능을 보완해야 할까?' 이런 질문들 속에 고객은 이미 가지고 있는 해결방법을 내놓을 수도 있고 도저히 풀리지 않는 숙제를 꺼낼 수도 있다. 그런 것들을 잘 듣고 돌아와 정리한 후 고객이 가장 쉽고 편리하게 문제를 해결할 수 있는 방법을 제시하면 그 영업은 무조건 성공이다. 가려운 곳을 정확히 긁어주는데 마다할 사람이 누가 있을까?

그저 좋은 제품임을 강조하는 건 아무 의미가 없다. 당장 주변을 둘러보고 아무 제품이나 케이스를 들여다보라. 모두 자사의 제품이 최고의 성능을 가지고 있고 안전하며 좋은 기술이 적용된 제품이라고 이야기하고 있을 것이다. 자신이 판매하는 제품이 좋지 않다고 말하는 세일즈맨은 아무도 없다.

때문에 영업은 입보다 귀가 더 중요하다. 물론 이런 질문도 최소한의 사전 지식을 습득한 후 연습을 충분히 해야 가능하다. 나 역시 중요한 미팅 전에는 내가 만날 고객의 문제점을 예측해본 후 실제로 만나서는 그들의 대답을 들어보면서 내가 처음 생각했던 문제와의 차이점을 파악하며 궁극적인 해결점에 도달하려고 노력한다.

그리고 경험이 부족한 사람들은 간혹 비즈니스를 이상적 입장에서 바라보는 바람에 아주 현실적인 배려를 하지 못하는 경우가 있다. 시장에서 배추를 파는 장사라면 눈앞에 장바구니를 들고 나타난 고객을 집요하게 설득시키면 배추를 팔 수 있다. 그런데 회사에서 이루어지는 비즈니스란 그렇지 않다. 지금 협상 테이블에 앉아 있는 사람은 단지 회사의 입장을 전달하는 사람일 뿐 결정권자는 따로 있기 십상인 것이다. 이 사람은 결정권자에게 진입할 권한을 가지고 있을 뿐 실제 결정은 다른 사람이 한다. 이 구조를 이해해야 한다.

이럴 때 결정권자와 결정권자에게 진입하는 사람이 처한 입장은 다르다. 결정권자인 CEO 등은 항상 모든 결정에서 회사 전체의 이득에 관심을 둔다. 이 결정을 통해 회사의 이윤이 어떻게 창출되고 비용이 절감될 것인가가 핵심이다. 그러나 실제 업무 담당자는 그렇지 않은 경우가 많다. 그는 회사 전체의 이득보다는 우선적으로 자신이 져야 할 책임이 얼마인지가 걱정이다. 따라서 어떤 결정을 했을 때 위험부담이 어느 정도인지를 알고 싶어한다. 모든 직원이 CEO처럼 행동하고 판단하는 위대한 기업이 있다면 좋겠지만, 현실은 그렇지 않다.

그렇기에 실무자를 만났다면 그가 짊어질 책임에서 빠져나갈 구멍을 능동적으로 제시해주어야 한다. 이 제품을 선택했을 때 혹시라도 발생할 수 있는 문제에 대한 핑계거리를 만들어주라는 의미이다. 성능이 좋았고, 값이 쌌고, 그때 당시 우리 회사의 문제 해결에 적합했고…… 모든 요소가 방패막이가 되어줄 수 있다.

세일즈가 때때로 예술이라고 명명되는 데는 이유가 있다. 마술사는 카드마술 등에서 정교한 트릭을 통해 사람의 마음을 알아내지만, 세일즈는 철저하게 과학적이고 논리적인 판단과 준비를 통해 고객의 마음 깊숙한 곳과 접속한다. 그 과정은 사실상 인간이란 무엇이고 인간은 왜 욕망하며 무엇에 반응하는가를 이해하는 고도의 심리학이자 인문학, 더 나아가서는 인간과 인간이 창조적으로 하나의 접점을 찾아내는 예술이 아니겠는가.

이런저런 생각 속에 레이더기지 인근에서 하룻밤을 보낸 후 다음날은 본격적으로 가욕관을 구경했다. 가욕관으로 가는 길 또한 가깝지는 않았다. 간접의 간접으로 느끼는 실크로드의 길이지만 정말 실크로드는 길고 중국은 크다는 것을 온몸으로 느꼈다. 이곳을 걸어서 지나간 과거의 숱한 사람들에게 서역과 동역에 반드시 도착해야 한다는 강렬한 동기가 없었다면 감히 도전할 수 없었을 것이다.

가욕관은 이민족의 침략을 막기 위해 만들어진 만리장성의 일부다. 이제까지 모든 실크로드의 요지들은 길과 길을 연결해주는 역할을 했지만, 군사 방어시설인 가욕관 자체는 쇄국 정책의 결과물이었다. 가욕관은 지도를 보아도 서쪽에서 중국 본토로 진입할 때 지날 수밖에 없는 교통의 요지임이 분명하다. 더불어 지금은 그렇게 분명하게 드러나지 않지만 높은 곳에서 보면, 어렴풋이 가욕관 너머 동쪽은 온통 사막에 가까운 황무지라면 중국 본토로 들어가는 서쪽은 그에 비해 도시와 마을이 자리잡고 초원이 있는 살 만한 땅이다. 가욕관은 농경지대와 사막지대의 경계에 놓여 있었다.

가욕관까지 오는 길 주변으로는 군데군데 무너진 토성이 보였는데 가욕관 자체는 성의 형태를 잘 유지하고 있었다. 북경 등지에 있는 만리장성이 돌로 만들어진 성벽인 데 반해 이곳의 만리장성은 모두 흙으로 지어졌다. 몇 번의 보수공사를 거쳤겠지만 흙으로 만든 성이 아직까지 형태를 유지하고 있다는 것이 대단하다. 만리장성이 본격적으로 만들어진 건 진나라와 한나라 때이지만 이곳 가욕관까지 확장된 건 명나라 때라고 한다.

성으로 들어가니 흙담을 쌓은 내성이 있고 그 안에 장군부 같은 주요 시설들이 있다. 내성의 좌우로는 거대한 성루가 위치해 제법 중국의 성곽다운 당당한 위세를 뽐냈다. 이 내성 바깥으로 외성을 한 번 더 둘러쳐 단단히 방비했으니, 이 성의 공략은 상당히 까다로웠을 것이다. 그러나 이 성은 청나라 때 이미 수비요새로서의 효용을 잃어 관광지로 쓰였다고 한다. 오래된 성에 들어가보면 간혹 드는 느낌이지만, 요새의 위용이 우렁찰수록 지금은 관광지로 전락한 현실이 더 가까이 다가와 허무한 기분이 들었다.

시닝을 떠난 이후 만난 도시들 중 가욕관이 유독 생기가 넘친다는 인상을 받아 정씨에게 물어보니, 역시 이곳은 대규모 철강 자원 덕분에 철강 관련 산업이 활발하게 이루어지는 공업도시라는 대답이 돌아왔다.

가욕관을 넘어서면 명백한 중국의 서부, 사막과 황무지로 뒤덮인

본격적인 실크로드로 들어간다. 다음 목적지인 둔황까지는 400킬로
미터 거리다. 스타렉스가 숨 가쁜 엔진소리를 내며 달렸다.

마스크를 발견하다

_무대 위의 열정

나는 좌절하고 슬픈 표정으로 누구의 얼굴도 아닌 허공을 바라본 채 이야기한다.

"당신은 자신의 길을 발견하고 그 길을 분명히 알고 있어요. 하나 나는 여전히 망상과 환영의 혼돈 속을 방황하면서 도대체 그게 누구에게, 무엇 때문에 필요한 것인지 모르고 있어요. 난 신념을 가질 수 없고, 무엇이 자기의 사명인지도 모르고 있어요."

스물한 살 가을의 어느 시점엔가 나는 무대 위에서 안톤 체호프의 희곡 〈갈매기〉의 한 부분을 연기하며 절망스러운 표정을 짓고 있었을 것이다. 지금은 거의 잊어버렸지만, 처음 주연을 맡아 암전 속에서 한참을 떨다 무대 위에 첫발을 내딛던 그 순간만큼은 영원히 잊지 못할 것이다.

내 대학 생활은 연극으로 시작해 연극으로 끝났다고 해도 과언이 아니다. 여러 대학 중에 전국에서 가장 유명한 연극 동아리가 있는 서강대학교에 진학한 건 운명이었을까? 나는 교회에서 경험한 연극에 매료되어 대학에 진학하기만 하면 당장 연극 활동을 할 생각이었다. 연극 동아리가 공식적으로 모집을 하기도 전에 동아리방을 찾아가 지원서를 내민 세 번째 학생이 나였다.

서강대 연극회는 자격으로 따지면 여느 동아리와 같은 평범한 서클 활동 집단이었지만, 지금 방송과 공연계에서 활발히 활동하는 PD와 연기자를 다수 배출했을 정도로 명성과 실력을 갖춘 유명한 연극 동아리였다. 내가 대학에 입학했을 때에도 연극회에는 우리나라 원로 극작가 이근삼 교수를 비롯해 정한용, 정진수, 문성근 등 기라성 같은 선배들이 있었다. 특히 1981년에는 난다 긴다 하는 선배들이 유난히 많이 학교로 돌아와 후배들을 지도하며 같이 연극을 했기 때문에 우리는 누구보다 콧대를 높이 세우고 다녔다.

당시 연극회 활동은 본인이 원하기만 하면 원없이 공연을 할 수 있을 정도로 스케줄이 빡빡했기 때문에 연극에 완전히 빠진 나는 공부를 할 새가 없었다. 1년에 세 번, 봄 정기공연, 가을 정기공연, 신입생 환영공연을 하는 것도 모자라 겨울에는 지방에 있는 학생들을 유치한다며 아예 학교 차원에서 연극반을 동원해 지방 순회공연까지 했다. 공연이 많을 때는 공연팀을 여러 개 꾸려 운영하기도 했다. 나는 공연을 할 때마다 빠지지 않고 얼굴을 내밀어 주인공으로 두 작품, 조연으로 몇 작품 출연했고, 연출을 맡은 작품도 하나 있었다.

무엇이 그토록 나를 연극에 빠져들게 만들었을까. 일단 자유로운 분위기가 마음에 들었다. 그때 많은 고등학생이 대학교에 가서 느꼈을 감정이지만, 청소년기 내내 눌려 있다가 하고 싶은 대로 발언하고 표현할 수 있는 공간에 오니 좋을 수밖에 없었다. 기라성 같은 선배들이 많다 보니 선후배 관계는 엄격한 편이었으나 적어도 연극에 관한 토론은 자유로웠다. 후배라도 선배 앞에서 연극 작품의 해석이나 연기에 대해 자신의 생각을 마음대로 말할 수 있었다.

연극회의 운영 자체도 그다지 빡빡하지 않았다. 까다롭게 회원을 따지지 않고 어떤 공연을 할지 정해지면 누구든 지원하도록 문을 열어놓았다. 연극반이 아니더라도 서강대학교 학생이면 누구나 공연에 참여할 수 있었다. 연극을 하다가 중간에 나가는 것도 말리지 않았다.

연극도 연극이었지만 연극을 만드는 과정은 언제나 흥미로웠다. 어떤 연극을 하기로 결정이 나면 먼저 참여하고 싶은 사람들을 모두 모으고 무대에 올릴 희곡을 선정했다. 그리고 그 희곡 분석을 한 달 동안 했다. 번역본이 시원치 않으면 학생들이 직접 번역을 다시 하기도 했으니 대단한 열정이었다. 영어는 영문과, 불어는 불문과, 러시아는 노어과 학생들이 나서 원본을 가져와 비교해보며 번역의 올바름을 따져보기도 했다. 이 작업이 끝나면 연출이 최종 완료된 희곡을 두고 현실에 맞게 각색을 한다. 이 과정에서 하나의 작품을 보고서도 각자의 해석이 엇갈렸고, 그 엇갈림 속에 하나하나 해법을 찾아내 의견을 조율하고 합의를 이끌어내는 일이 흔했는데, 토론 과정에서 전에는 생각하지 못했던 새롭고 창조적인 연출이 나오기도 했다.

그다음은 피나는 훈련이다. 신체 훈련을 한다며 테니스까지 배웠다. 유연성과 근력을 키우려는 목적이었다. 연출이 오전에 테니스 레슨을 받고 와서 우리에게 가르쳐줬고, 테니스가 끝나면 근처 아카시아가 만발한 산에 올라가 발성연습을 했다. 우리가 공연하는 학교 내 극장이 커서 발성이 대단히 중요했다.

그리고 공연을 두 달 정도 남긴 시점부터는 배우로 출연할 사람과 기획, 소품, 조명 등을 담당할 사람을 나눴다. 몇 차례에 걸쳐 이 모든 과정을 함께했기 때문에 연극하러 들어갔다고 해서 연기만 한 게 아니라 연극 자체를 만들어가는 극단 생활을 했다고 봐도 무방하다. 무대에 한번 서볼 속셈으로 연극회에 들어왔다가 지루한 훈련이나 허드렛일에 지쳐 떠나는 친구들도 적지 않았지만, 나는 동아리에서 하는 일 하나하나가 재밌기만 했다.

그렇게 만들어낸 작품은 대학생들답게 새롭고 도전적인 내용이 많았다. 당시 사회 분위기 때문에 노골적으로 표현할 수는 없었지만 은유적으로 사회적인 메시지를 담아 당대를 풍자하는 작품이 빠지지 않았던 걸로 기억한다. 연극을 할 때 불온한 내용은 아닌지 감시하러 한구석에 버티고 앉아 있던 경찰들의 모습도 아직 생생하다.

물론 그 과정이 아무리 즐겁다 해도 연극에서 느낄 수 있는 흥분의 절정은 역시 무대 위에 서는 순간이다. 이전까지 쌓였던 일말의 고됨은 무대가 주는 카타르시스가 다 해결해줬다. 무대에서 어떤 사람의 인생을 연기하는 그 순간은 정말 행복했다. 끝나고 나서의 공허함과 아쉬움은 항상 있었지만.

그리고 그때는 무대 위에서밖에 구현할 수 없었지만, 당시의 나는 다른 삶을 연기하는 게 무엇일까에 대해 선배들에게 다양한 이야기를 들었고 스스로도 깊이 고민했다. 대학 시절의 나는 여전히 남들 앞에 나서 무언가를 이야기하기보다는 조용히 고개를 숙이고 앉아 있는 것이 어울리는 사람이었다. 하지만 그러다가도 무대 위에 서면 뻔뻔스러울 정도로 감정을 적극적으로 표현하며 인물의 느낌을 살리기 위해 온몸을 불사르는 타입이었다. 이런 내 모습을 선배들은 신기해하며 경험이 많지 않은 나에게 배역을 주곤 했다.

그렇다면 일상을 살아가는 나와 무대 위의 나는 서로 다른 사람인 걸까? 저렇게 무대 위에서 격렬하게 모든 감정을 표현하는 나는 잠깐의 연기를 위해 조작된 '나'일 뿐, 실제 내가 아니라고 말할 수 있는 걸까? 무대 위의 내 모습만 보던 선배들은 술자리에서 내 어깨를 툭툭 치며 농담을 건네다가 생각보다 수줍어하는 나를 보고 고개를 갸우뚱하기도 했다.

"쟤는 무대 체질이에요."

어떤 선배가 했던 말이었을까? 언제부턴가 나는 나 스스로가 무대 체질이라는 말을 가슴에 담고 살았고, 대학을 졸업하고 직장을 구하며 나의 이 특성을 어떻게 활용할 수 있을까 머리를 굴리게 되었다.

답은 생각보다 간단했다. 나는 무대 체질이고, 사람들은 무대 위의 나를 좋아한다. 가장 중요한 건 무대 위의 나 자신도 행복하다는 점이다. 그렇다면 무대를 연극 무대에만 한정 짓지 말고 이 세상을 무대로 삼아버리면 되지 않을까. 매 순간을 무대로 생각하며 살고 나 자신을 끌고 갈 수 있다면 좀 더 쉽게 사회에 적응하고 내 커리어를 쌓아갈 수 있지 않을까.

이후 나는 실제로 그렇게 해나갔다. 인텔코리아의 CEO로 성장하는 데는 나에게 주어진 도전을 모두 내 앞에 놓인 무대라 생각하고, 나 스스로를 디자인하고 코디네이팅하는 데 주저하지 않았던 태도가 큰 역할을 했다고 믿는다.

그리고 연극 경험은 예술을 바라보는 내 관점을 확립시켜준 중요한 계기였다. 연극은 앞서 말한 대로 많은 인원이 동원되는 총체적인 종합예술이다. 그러다 보면 필연적으로 의견의 충돌도 뒤따르고 현실적인 문제들이 수반되기 마련이다. 단지 작품의 뜻이 고고하고 아름답다고 해서, 말하는 사람이 고상하고 세련된 주장을 펼친다고 해서 받아들여지지 않았다. 현실과 이상을 모두 고려하면서, 인간에 대한 기본적인 이해를 기반으로 하면서 적절한 사회성까지 가미된 의견이 최종적으로 살아남아 연극을 이끌어가곤 했다.

내가 영업이나 매니지먼트를 포함한 경영 전반을 때로는 연극과 같은 예술이라고 생각하는 건 그런 이유에서다. 경영은 어떤 일면만 바라보거나, 사람을 무시하거나, 지나치게 이상적인, 혹은 너무나 현실적인 목표만 추구하면 반드시 실패하게 되어 있다. 이 모든 것을 적절히 통제하고 조율하면서 모두가 만족할 수 있는 가치를 끌어낼 때 성공적인 경영이 이루어질 수 있다. 내가 생각하는 이러한 경영의 기본 원리를 연극에서 배웠다고 한다면 너무 무리한 해석일까?

나의 연극회 생활은 떨어지는 성적을 보다 못한 어머니가 2학년 1학기가 지나고 나를 군대에 보내기로 결심하면서 끝이 났다. 당시 내 학점은 지금 스펙 경쟁에 몰두하는 대학생들이 보면 경악할 수준이었다. 군대를 다녀와서는 부족한 성적을 메우고 못했던 공부를 하느라 한참을 고생해야 했다. 하지만 약 1년 반 동안 모든 것을 던져 경험했던 연극회 활동에 대해 전혀 후회는 없다.

천 년의 문화, 천 개의 상상

_둔황의 경이

둔황에서의 첫 기억은 야시장에서 먹은 한국 음식이다. 나는 여행 중에는 가능한 한 현지화되어 그 나라 음식을 맛보려고 한다. 실크로드 여행 중에 적어도 술에 있어서는 그 약속을 지킨 편이다. 도착하는 곳마다 꼭 중국술을 사서 마시고 잠이 들었으니까. 또 다행히도 중국 음식이 대체로 내 입맛에 맞는 편이라 음식 때문에 특별히 고생한 기억은 없다. 다만 여행 후반기에 자주 접한 양고기만은 예외였다. 그 특유의 냄새 때문에 동행들이 맛나게 먹을 때도 나는 맛만 보는 정도였다.

그렇다 해도 둔황에서 막상 한국 음식을 판다고 하니 반가운 마음이 드는 건 어쩔 수 없었다. 김치볶음밥이나 돌솥비빔밥 같은 익숙한 메뉴를 몇 개 주문해서 같이 먹었지만, 아이고, 재료가 고국의 것이 아닌 까닭일까. 중국 음식도 한국 음식도 아닌 오묘한 맛에 밥을 남기고 말았다. 음식 맛은 형편없었지만 중국에서 처음 만난 야시장의 풍경은 대단히 화려했다. 늦은 밤인데도 현란한 조명 아래로 좁은 골목에 가득 찬 수많은 사람이 어깨를 부비며 어디론가 걸어가고 있었다.

둔황 초입에서 하루를 보낸 후 다음날 본격적으로 둔황의 꽃이라 불리는 막고굴과 명사산을 찾았다. 둔황은 워낙 유명한 명소이자 그 가치를 세계적으로 인정받는 곳인지라 그 규모가 어느 정도일지 대략 마음속으로 짐작은 하고 있었다. 그러나 실제로 본 둔황은 상상 이상으로 거대했다.

한나라 때 처음으로 만들어진 후 청나라에 이르러 기조가 닦였다는 둔황은 고비사막 한가운데 위치해 해로를 이용한 실크로드가 활성화되기 전까지 실크로드 속 오아시스나 다름없는 도시였다. 과거 서쪽으로 향하는 실크로드 여행자들에게는 이곳 둔황을 넘어서면 타클라마칸 사막과 파미르 고원까지 이어지는 죽음의 여정이 기다리고 있었다. 때문에 자신의 안녕을 기원하며 둔황에서 부처에게 빌었을 것이고, 그 간절함이 모여 지금의 막고굴을 만들어냈다. 막고굴은

1000년에 걸쳐 만들어진 수많은 석굴들을 말한다. 석굴마다 무수한 벽화와 조각상이 위치해 있다고 한다. 석굴은 모두 공개하지 않고 기간에 따라 몇 개씩만 공개하며 사진 촬영도 금지해 보존에 신경 쓰고 있는 모양이다.

오랜 역사 속에서 도굴도 워낙 많이 당해, 도난당한 유물의 보관처가 확인된 경우에는 유물 대신 누가 유물을 훔쳐가 지금은 어디에 있다는 사실을 적어놓고 있었다. 일본이 중국을 침략할 때 관여한 일본 관료 하나가 이곳에서 가져간 유물을 우리나라에 놓고 가는 바람에 우리나라에도 둔황의 유물이 있다고 한다.

몇 군데 공개된 석굴을 시간에 쫓겨가며 간단히 살펴보고 나올 수밖에 없어 못내 아쉬웠다. 실크로드를 밟아보는 것 자체에 의미를 둔 여행이라지만 둔황만큼은 오랜 시간을 두고 살펴보고 싶었다. 만약 다음에 실크로드를 찾을 기회가 있다면 달리는 시간은 줄이고 둔황과 같은 중요한 지점에서 일주일이라도 머물며 그 매력을 샅샅이 더 들어보고 싶은 마음이다.

다음으로 찾은 곳은 명사산. 명사산은 일반적인 산이 아니라 사막의 모래가 쌓여 만들어진 거대한 모래산이다. 산 하나만 우뚝 솟아 있는 게 아니라 남북 20킬로미터, 동서 40킬로미터에 달하는 모래산이 계속 이어진다. 사실상 이번 여행에서 처음 접하는 제대로 된 사막이지만 배경만 사막일 뿐 분위기는 시끌벅적한 여느 관광지와 다를 것이 없어 진짜 사막 앞에 있다는 생각이 별로 들지 않았다. 명사산 초입에 수십 마리의 낙타와 다수의 몰이꾼들, 적지 않은 관광객들이 뒤엉켜 그다지 평화롭지 않은 광경을 연출하고 있었다. 그중에는 관광객과 몰이꾼, 가이드 사이에 시비가 붙었는지 언성을 높이는 사람들도 있었다.

어쨌든 이곳을 찾은 목적은 명사산에 올라 사막을 살펴보는 것이었으므로, 나는 낙타 대신 사막용 지프차를 직접 운전해 명사산을 올라가는 방법을 택했다. 거대한 모래 속으로 파묻혀버릴 것 같으면서도 차바퀴가 모래를 박차고 앞으로 나아갈 수 있다는 게 새삼 신기했다.

명사산 중턱쯤 올라가면 아래로 초승달 모양의 오아시스, 월아천을 볼 수 있다. 1년 강수량 40밀리미터인 이 땅에서 마르지 않고 실크로드 여행자들의 목을 축여주었다니 말 그대로 사막 위의 오아시스다. 이렇게 어마어마한 모래가 쉴 새 없이 들이치는데 어떻게 메워지지 않았는지 신기할 따름이다. 정씨의 귀띔에 따르면 월아천이 마르지 않는 데는 인공적으로 물을 보충해주는 장치가 암암리에 작동했을 거라고 한다. 그런데 수천 년의 세월도 견뎌온 이 오아시스가 오히려 요즘에

무분별한 농지 개발 등으로 사라질 위기에 처했다니 아이러니하다.

월아천을 아래에 두고 행글라이더를 타고 월아천 위를 날아보는 특별한 경험을 했다. 멀리서 바라본 오아시스는 어마어마하게 거대한 사막 속에서 가만히 치켜뜬 사람의 눈과 같았다.

명사산을 오르는 지프차 안에서, 월아천 위 하늘에서, 돌아오는 덜 컹거리는 스타렉스 안에서 나는 둔황에 남겨진 수백 수천 개의 문화재들에 대해 생각했다. 그리고 둔황이 나를 사로잡는 이유가 단순히 그곳이 갖는 세계적인 문화적 가치나 규모 때문이 아니라, 천 년에 걸쳐 만들어진 다양성이 주는 매력이라는 것을 깨달았다.

둔황의 역사 유적은 결국 불교 유적이고, 대부분의 조각상과 벽화는 모두 부처와 불경에 관한 것이다. 그러나 그것을 표현하는 방식은 제각각이다. 아마 창작하는 자가 처해 있는 상황과 간절함, 불교에 대한 이해와 해석에 따라 차이가 생겨났을 것이다. 모든 문화재가 그렇지만 둔황이야말로 세계는 필연적으로 다양하며, 그 다채로움이 제대로 구현될 때 진정한 가치가 드러난다는 점을 상징적으로 보여주는 곳이 아닐까.

다양성을 인정한다는 말은 '변화'라는 말과 맞닿아 있다. 오직 하나

무대를 연극 무대에만 한정 짓지 말고 이 세상을 무대로 삼아버리면 되지 않을까. 매 순간을 무대로 생각하며 살고 나 자신을 끌고 갈 수 있다면 좀 더 쉽게 사회에 적응하고 내 커리어를 쌓아갈 수 있지 않을까.

의 나로만 살아가는 건 세상의 무수한 다양성을 감당하기에 역부족이다. 그렇기에 지금의 나와 미래의 나는 다르고 또 달라야 한다. 돌이켜보면 나 스스로 무수한 변화를 거치며 살아왔기에 앞으로도 그 치열함을 유지하기 위하여 놓치지 말아야 할 가장 중요한 단어가 '변화'가 아닐까 하는 생각이다.

어렸을 때, 특히 중고등학교 시절의 나를 기억하는 친구들을 오랜만에 만나면 내가 많이 변했다는 이야기를 한다. 그도 그럴 것이 있는 듯 없는 듯 그저 착실히 학교를 다니며 교회를 빼먹지 않던 모범생이 지금은 분위기를 주도하고 스스럼없이 말을 걸며 농담하는 걸걸한 사람으로 변해 있으니 말이다.

나는 내 성격 자체가 과거와 달라졌다고 생각하지는 않는다. 나 스스로에 대해 깊이 생각해보면 지금의 나는 학창 시절과 마찬가지로 여전히 내성적이고 과묵한 사람에 가깝다고 본다. 공식석상에서 나를 처음 본 사람은 나를 말이 많고 활달한 사람이라고 생각할 수 있지만, 실생활에서는 매사에 나선다거나 드러내놓고 존재감을 과시하는 적이 거의 없다. 비즈니스의 세계에서는 필요할 때 발언하고 적극적으로 표현하는 능력이 없다면 결코 살아남을 수 없다. 나는 생존을 위해 나에게 필요한 외향성을 끊임없이 훈련해온 편에 가깝다. 고객과의 만남에서 하는 행동들은 내가 원래 사교성 넘치고 친근한 사람이어서가 아니라 모두 철저히 준비된 결과물인 것이다.

그렇다면 그렇게 새로운 방향으로 나를 조정해가는 과정이 나에게 가식적으로 느껴지고 스트레스로 다가왔을까? 그렇지 않다. 그 훈련의 출발점은 대학교에서 경험한 연극이다. 대학에서 나는 인간이 무대에 선다는 것이 어떤 의미를 갖는가에 대해 배울 수 있었다. 내향성을 존중해 자기 안에서 깊은 결과물을 만들어낸 인물도 많지만, 사회생활을 시작할 즈음에 나는 내가 하고 싶은 비즈니스라는 도전을 앞두고 나의 내성적 성격에 답답해했다. 그때 생각한 것이 연극에서 느꼈던 감정이었다. 기술적인 부분은 아주 사소했고 그 과정에서 내가 진심으로 어떤 느낌을 받았느냐가 중요했다.

돌이켜본 연극 무대 위의 나는, 분명히 행복한 사람이었다. 연극을 하는 동안은 무대에 선 나와 현실세계에서 사는 내가 분리되어 존재하지 않았다. 무대 위에서 나는 그 순간만큼은 정말 배역을 맡은 그 인물로 살았다. 그리고 그렇게 새로운 인물의 가면을 쓸 때 나는 진정 자유로웠다.

나는 내 감정을 존중하기로 마음먹고 무대 위에 선다는 마음으로 나를 조금씩 변화시켜갔다. 연극을 할 때는 무대 위에서만 그 배역에 맞는 인물로 살았지만, 회사에 입사해서는 무대 위에 서는 시간이 점점 늘어났다. 고객과의 모든 만남은 도전이었고 나는 그때그때 어울리는 모습에 다가갈 수 있도록 연습해야만 했다. 나중에는 무대와 현실의 경계가 무너져 아예 무대 위의 나로 현실을 살아가는 게 편안하고 즐거운 순간들이 생겨났다. 필요에 의해 썼던 가면이 아예 내 안면에 피부처럼 달라붙은 것이다. 그리고 스스로에 매몰되지 않고 변화해가는 나 자신이 만족스러웠다.

이 과정을 통해 내가 가질 수 있었던 여러 가치 중 핵심은 전달력이다. 지금의 나는 어떤 자리에 가더라도 내 생각을 잘 전달할 수 있는 사람이라고 자부한다. 특히 주로 사람 상대하는 일을 하는 사람이라면 남이 하는 이야기를 잘 듣고 또 내 생각을 적절하게 전달할 수 있어야 스트레스도 적다. 나이가 들고 경험이 쌓일수록 전달력은 더욱 중요해진다. 어렸을 때야 독서량이나 경험의 차이에 따라 머리 굵은 티를 낼 수 있겠지만 세월이 지날수록 보고 들은 양의 차이는 점점 줄어든다. 대단한 선지자가 아닌 이상 원숙한 사람들이 모이면 각자의 머릿속 지혜의 양은 큰 차이가 나지 않는다.

그렇다면 중요한 건 표현이다. 무조건 목소리를 높여 내 이야기를 하라는 뜻이 아니다. 마치 인간이 인간을 사랑할 때와 마찬가지다. 내가 누군가를 미치도록 사랑한다고 해도 제대로 표현하지 않는다면 상대는 나의 사랑을 영원히 눈치채지 못한다. 거꾸로 상대가 알아듣지도 못하게 제멋대로 말을 쏟아내봤자 내 감정을 전달하기엔 역부족이다. 머릿속에 엄청난 정보가 있다 해도 잘 드러내지 못하거나 흥미롭게 전달하지 못한다면 아무 소용이 없는 것이다. 그런 맥락에서 보면 '고객을 사랑하라'라는 말은 닭살 돋는 미사여구가 아니라, 고객을 어떻게 대해야 하는지 알려주는 진심 어린 충고에 가깝다.

그곳에 남았다면,
그 회사의 사장이 되었겠지

_칼퇴근하는 신입사원

얼마 전 육군 국방홍보부에서 연락이 와 내 이야기를 장병들을 대상으로 한 홍보영상으로 제작하고 싶다는 부탁을 해 흔쾌히 응한 적이 있다. 군대 가면 시간 버리고 머리 나빠진다는 이야기를 하는 사람이 많지만 나의 경우는 전혀 다르다. 군대에서 인생의 항로를 제대로 잡은 사람이 나이기 때문이다.

연극회 생활을 통해 이전보다 활달하고 적극적인 나를 발견하게 되긴 했지만, 입대 당시만 해도 나는 대학을 졸업하면 무엇을 하고 살지 아무런 대책이 없었다. 막연히 대학을 졸업하면 어디든 취업해서 회사를 다니면 되겠지, 하고 생각하고 있을 뿐이었다.

그러던 차에 군에 입대해서 육군 통신분과의 특수병으로 발탁되어 18주간 특수교육을 받은 것 자체가 나에게는 상당한 행운이었다. 지금은 간부 중에 고학력자가 충분하고, 군의 기술이 민간보다 특출나지 않아 일반병 입장에서 군에서 교육받아 사회에서 활용할 만한 부분이 많지 않을 것이다. 그러나 그때만 해도 군대의 기술, 특히 통신기술은 국내 최고 수준이라 군대에서 배운 기술만 가지고 바로 취업할 수 있을 정도였다.

나는 군의 통신기술을 민간에 이양하는 율곡사업이 벌어질 때 통신설비 부분을 맡아 장비를 민간에 이양하는 역할을 했다. 내가 제대했을 때 군대에서 쓰던 장비를 그대로 기업에서 쓰고 있었기 때문에 따로 배우고 공부할 필요 없이 바로 실전에 투입되어 일을 할 수 있었다.

다시 말해 군대에서 다른 생각은 하지 않고 취업에 도움이 될 수 있는 실전 기술을 열심히 배운 것이나 다름없다. 물론 통신기술을 익히는 게 쉬운 일은 아니었다. 학교에서 얼추 배운 내용이 많은 도움이 되었고, 통신학교 조교 시험에 응시해도 될 정도로 열심히 공부한 덕에 누구에게나 신뢰를 얻을 수 있는 고급기술을 습득할 수 있었던 것이다.

게다가 대학교에서 일주일에 서너 시간을 할애해 반강제로 영어를 배우도록 했기 때문에 나는 원활한 의사소통까지는 아니더라도 대충 영어로 대화를 주고받을 정도는 되었다. 내가 군에 있을 때 팀스피리트 훈련의 일환으로 한미 장교 교환 프로그램이 생겨 훈련기간 동안 미군 장교는 우리 부대에서, 우리 장교는 미군 부대에서 근무하는 제도가 있었다. 이때 우리 부대에서 그나마 영어회화가 가능한 사람이 나여서 미군 장교의 통역 역할까지 맡았다.

이쯤 되다 보니 부대 간부나 사병을 막론하고 나를 인정하지 않는 사람이 없었고, 통신과 관련된 업무는 내가 거의 전문가 수준이었다. 통신에 문제가 생겼을 때, 매뉴얼대로만 조치를 취하는 것과 통신장비의 근본 원리를 이해하고 수리하는 것은 큰 차이가 있다. 보통의 통신병들은 매뉴얼 이상의 문제점을 파악하기 어려웠지만, 나는 근본적인 지점을 찾아낼 수 있어서 훨씬 빠르고 효과적인 복구가 가능했다.

작은 위기도 있었다. 1월 1일에는 핫라인을 이용한 통화가 없을 거라 생각해 라인을 두절시켰다가 부대 내 최고 사령관의 통화가 도중에 끊어지는 일이 벌어진 것이다. 영창에 가도 할 말이 없는 사건이었지만 대대장님의 도움으로 영창행은 면할 수 있었다.

어쨌든 그때까지는 시골 초등학교에서 반장을 해본 정도를 제외하면 학교나 어디에서든 딱히 뛰어난 인재로 인정받아본 적이 없었는데 군대에서 처음 엘리트 대우를 받아본 셈이었다. 여러 가지 운이 따라준 덕분이긴 하지만 나는 내 방식대로 노력할 경우 사회에서 내 가치를 높일 수 있다는 가능성을 확인할 수 있었다. 더불어 제대하고도 통신과 관련된 일을 하면 쉽게 적응하고 잘할 수 있겠다는 생각을 하게 됐다. 여기에 통신에 대한 체계적인 지식을 쌓은 것과 조직 체계에서 리더십을 발휘하는 방법에 대해 아주 초보적인 수준이나마 배울수 있었던 건 덤이다.

물론 1980년대의 군대란 이런 가운데서도 구타가 횡행하고 야삽이날아다니는 거칠고 험한 곳이었다. 그렇지만 당시의 내가 자신감을 갖고 내 인생을 주도적으로 이끌어갈 수 있는 첫 번째 구체적인 힌트를던져준 곳이 군대라는 점은 부정할 수 없다. 어디에서든 가능성과 기회는 있는 것이다.

대학을 졸업하고 금성전기에 취업하기로 마음먹은 건 우연이 아니다. 내가 군대에 있을 때 통신기술을 모두 물려받은 기업이 금성이었고, 이런 기술을 발빠르게 가져가는 기업이라면 꽤 괜찮은 기업일 거라는 확신이 있었다. 또 입사를 고려한 몇 군데 기업 중 가장 분위기가 자유로워 나에게 맞을 것 같다는 생각이 들었다.

내가 취업할 당시가 참 옛날인 것이, 금성전기에 취업이 되고도 하마디면 입사를 못할 뻔한 일이 있었다. 당시에 공대생들은 조기 취업이 흔한 일이라서, 나 역시 대학교 3학년 때 이미 금성전기 입사를 확정지어놓고 졸업 후 회사에 가면 되는 상황이었다. 그런데 졸업을 하고 입사할 때가 된 것 같은데도 연락이 오지 않는 것이었다. 궁금한 마음에 전화를 해보니 입사담당자가 깜짝 놀라며 착오로 나를 빠뜨렸다면서 바로 내일이 신입사원 입사식이라고 이야기했다. 전산 시스템이 없고 취업이 지금만큼 심각하지 않던 시기였으니 가능했던 해프닝이다.

나는 1988년에 입사해 경기도 오산에 있는 방산 분야 연구개발실에서 일했다. 당시 금성은 안양에는 연구소를 두고 오산에는 연구개발실을 세워놓고 있었다. 내가 속한 연구개발실은 연구소에서 개발한 물건을 양산해내는 게 주 임무였다. 출근해보니 대기업 중에는 자유로운 환경이라고 하지만 누구나 생각할 수 있는 아주 흔한 사무실 풍경이었다. 방산 분야인 만큼 모두 남자 직원이었고, 네모반듯한 업무용 책상에 나란히 직급별로 앉아 일을 했다.

당연히 출근은 같은 시간에 해도 퇴근은 눈치 보기가 없을 수 없었다. 부장이 집에 가지 않으면 누구도 퇴근하지 않았다. 하지만 나는 일이 없는 날은 지체하지 않고 6시에 출발하는 통근버스를 타고 서울에 있는 집으로 퇴근했다. 남들이 지극히 당연하다고 생각하는 통념을 나는 무척 이상하게 여겼다.

'왜 일이 없는데 회사에 남아 있어야 하지?'

선배들을 보니 상사가 가지 않으면 일을 만들어서라도 회사에 남아 있는 것 같았다. 나는 그런 방식이 회사에 충성하는 것이라 생각하지 않았다. 상사들은 대체로 얌전하고 과묵한 사람들이라 칼퇴근하는 신입사원에게 처음부터 대놓고 뭐라고 하지는 않았다. 하지만 횟수가 거듭되자 보다 못한 내 바로 위 직급의 선배가 하루는 나를 따로 불러내 이야기를 했다.

"이 사람아, 신입으로 들어온 사람이 윗사람보다 먼저 퇴근하면 어떻게? 다른 사람들이 어떻게 생각하겠어?"
나는 일언지하 고개를 흔들었다.
"제 업무가 없으면 정해진 퇴근시간에 퇴근하겠습니다. 죄송합니다."

선배는 너무도 당당한 내 대답에 할 말이 없어졌는지 말없이 담배만 피워 물었다.

그렇다고 일이 있는데 무조건 퇴근시간을 엄수했다는 건 아니다. 나에게 할당된 일이 있고 일과시간 내에 마무리가 되지 않았을 때는 밤샘작업도 마다하지 않았다. 하지만 일이 없는데 상사가 퇴근하지 않았다고 자리를 지키는 건 이해할 수 없었다. 그건 내 기준에는 합리적이지 않았으니까.

곧 나는 연구소 내에서 칼퇴근하는 신입사원으로 유명해졌다. 아마 뒤에서 말들이 많지 않았을까. 모르긴 몰라도 내가 일을 잘하지 못했다면 해고의 칼날을 피하기 힘들었을 것이다. 나는 담배도 피우지 않아 선배들이 떠들썩하게 모여 담배를 피울 때도 끼지 않았다. 그렇다고 외롭다거나 적응이 힘들다는 생각은 들지 않았다.

그런 와중에 회사에서 일로는 하나씩 인정을 받았다. 내가 하는 일 중 하나가 소대형 무전기 상용화 작업이었는데, 상용화를 위해서 필수적인 게 기능검사였다. 전에는 수십 수백 대의 무전기를 늘어놓고 사람이 일일이 켜보며 주파수를 확인하는 것 말고는 방법이 없었다. 나는 무전기 성능을 자동으로 측정할 수 있는 측정기계를 만들었다. 계측된 데이터를 컴퓨터로 보내는 기술을 써서 주파수의 출력량을 자동으로 테스트하는 장치였다. 덕분에 검사 시간이 현격히 줄어들어 생산성이 대단히 향상되었다. 이 장비 기술은 우리와 거래하던 검수관 하나가 직위를 내세워 자신의 업적으로 가져가버렸지만, 별로 신경 쓰이지는 않았다. 내 일만 잘하면 된다는 생각뿐이었다.

더불어 나는 회식 자리에서는 회사 사람들 중 누구보다 잘 놀았다고 자부한다. 나는 회사에서 소위 '술상무' 역할을 맡았는데, 대학에서 배운 여러 가지 방법을 총동원해 형식적인 회식이 아닌 정말 즐거운 회식 자리를 만들려고 노력했다. 연극하는 선배들이 워낙 술을 좋아한 덕분에 술자리 경험이 많아 회사 내에서 술 마시고 노는 것에는 나를 따라올 사람이 없었다. 내가 회식을 주도하는 총무를 맡은 후로 회비를 이전보다 다섯 배나 더 걷었지만 아무도 뭐라고 하는 사람이 없었다. 내가 만드는 회식 분위기가 워낙 재미있었기 때문이다. 하루는 내가 주도한 회식을 경험한 선배 한 명이 다음날 이런 얘기를 한 적도 있다.

"오늘 아침에 일어나서 거울을 보는데, 웃음이 나오더라고. 어제 생각이 나서."

나는 그곳에서 3년 반 동안 일했다. 그동안 내가 속한 금성전기는 여러 가지 부침을 겪었다. 전자회로기판을 만드는 설비에 대대적인 투자를 했으나 결과가 신통치 않았다. 회사 사정이 전반적으로 좋지 않아 구조조정이 계속 진행되었고, 회사 이름이 중간에 바뀌는 일도 있었다. 프린트 용지 한 장도 아껴 쓸 정도의 긴축 운영이 이어졌다. 다만 내가 속한 방산 분야는 정부와 관련된 사업이라 안정성이 높아 피부로 느껴지는 위기의식은 거의 없었다.

내 일에 최선을 다해 인정받아야 한다는 생각에는 변함이 없었지만, 나는 입사하면서부터 해외영업을 하고 싶다는 꿈이 있었고, 기회가 있을 때마다 해외영업부서에 배치해달라는 의사를 내비쳐왔다. 그때마다 회사는 여러 가지 이유를 들어 내 부탁을 들어주지 않았다. 그러던 중에 오산에 있던 연구개발팀이 구미로 내려가게 되었다는 소식을 접했다.

잠깐 고민을 했다. 내가 하고 있는 이 일은 워낙 안정성이 높고 나에게 익숙했기 때문에 계속하면 먹고사는 데는 지장이 없을 것 같았다. 하지만 구미로 내려가면 내가 정말 하고 싶은 해외영업의 기회는 언젠가 올 수도 있겠지만 기약이 없어지는 셈이었다. 나는 결국 불안정하지만 더 큰 기회를 선택하기로 결심하고 사표를 제출했다.

회사에서는 한 달 반 동안 사표 수리를 해주지 않았다. 나의 상사는 내가 다루는 통신기술이 워낙 핵심이라 평생을 안정적으로 갈 수 있고, 원한다면 해외영업부서로 바로 보내주겠다고 나를 설득했다. 그렇지만 새로운 도전을 향한 흥분에 취한 나는 끝내 회사의 만류를 뿌리치고 새 직장을 찾는 것을 택했다.

얼마 전 강연에서 금성전기와 관련된 내 이야기를 들은 한 사람이 이런 질문을 던진 적이 있다. 만약 그때 금성을 떠나지 않았다면 지금 어떻게 되었을 것 같으냐고.

　나는 대답했다. 내가 만약 남았다면 그 회사의 사장이 되었을 거라고. 오만하게 들릴 수 있지만 금성에 남았더라도 그 회사에서 내가 잘할 수 있는 일들은 충분히 있었고 가능성은 도처에 존재했다. 사회인이 된 후로 나는 내가 처한 위치에서만큼은 무조건 전력을 다한다는 마음을 놓은 적이 없다. 인텔에서 달려왔듯이 금성에서 달렸다면 최고의 위치에 도전해볼 수 있지 않았을까. 어디에 있느냐가 1순위가 아니다. 중요한 건 나 자신이다.

2부

인텔에
미치다

교하고성의 밤은 깊다

_끝, 그리고 시작

"덜덜덜덜……"

모래산을 올라가야 하는데 차가 또 말썽이다. '도요타'라는 이름을 믿고 고른 사륜 지프였지만 시작부터 만만치 않았다. 쌀쌀한 사막 바람에 손을 비비며, 가쁜 기침을 내뱉는 차량의 시동이 걸리길 기다렸다. 언제쯤 시동이 걸릴까. 한시라도 빨리 사막 정상에 올라가보겠노라며 아침부터 허둥거렸던 게 무색했다. 한국에서였다면 1초도 망설이지 않고 정비소에 전화를 걸었겠지만, 이곳은 그저 기다리는 것 말고는 할 수 있는 게 없었다.

쿠무타거 사막. 기록에 따르면 이곳은 옛날 누란 왕국이 존재했던 곳이다. 나는 1500년 전 사막 위에 존재했던 전설적인 왕국의 터를 밟아본다는 생각에 약간 흥분되어 있었다. 무려 1500여 년 전 이곳을 지나간 법현이라는 스님이 누란 왕국은 중이 4천 명에 이르는 큰 나라였다고 기록하고 있다. 물론 실크로드의 많은 기록들이 그렇듯이 그 이상의 자세한 사료를 찾아보기는 어렵다. 그 먼 옛날, 사막 위에서의 삶이란 무엇이었을지 나는 갈피를 잡을 수 없었다. 내 눈앞에는 그저 모래만이 가득했으니까.

한참 씨름한 끝에 시동이 걸렸다. 정씨의 손짓에 냉큼 차에 올랐다. 시동은 간신히 걸렸지만 사륜구동이라 뒤에서 묵직하게 들이미는 힘이 제법이었다. 도요타는 모래를 잔뜩 튀기며 가까이에 있는 모래산을 올라가기 시작했다. 모래산은 흙과 돌이 빚어낸 일반적인 언덕과 달리 경사가 급한 기둥 같은 느낌이었다. 급격한 경사를 힘겹게 올라가 정상에 도달했다. 모래산 위에 올라가서는 잠시 차에서 내려 부지런히 사막의 장관을 카메라에 담았다. 사진을 찍는 것보다 풍경을 잘 느낄 수 있는 방법을 안다면 좋겠지만, 나는 셔터를 누르는 것 외에 특별히 할 수 있는 게 없었다.

이제 모래산을 내려가야 하는데, 아뿔싸, 올라갈 때 급경사였으니 내려가는 길도 가파른 건 당연지사다. 차에 올라 저 아래를 어떻게 내려가나 고민을 마치기도 전에 다짜고짜 차가 움직이기 시작했다. 너무 놀라서일까, '으악' 하는 비명조차 입 밖으로 터져 나오지 않았다. 롤러코스터를 탄 것처럼 차가 곤두박질치는데 당장이라도 차 뒷바퀴가 들려 뒤집힐 것만 같았다. 순간 마치 저 아래 바닥이 차 유리로 쏟아져 오는 것 같은 착각에 빠졌다. 하강이라기보다는 낙하에 가까운 돌진. 게다가 차에 뚜껑이 없어 바퀴에 튄 모래가 비 내리듯 머리 위로 쏟아지니 죽을 맛이었다. 속도감에 조금 적응이 되자 일단 운전기사가 괜찮은지 살펴봤다. 그도 긴장한 듯 보이지만 나보다는 한결 여유로운 모습으로 운전대를 잡고 있었다.

모래산 위에서의 때 아닌 곡예가 끝나고 무사히 내려와 사막을 빠져나오는 길에 송아지를 파는 위구르 부부의 모습을 봤다. 종종걸음으로 차를 한 바퀴 돌며 송아지에게 작별인사를 하는 얼굴이 정말 슬퍼 보였다. 잠시 차를 멈춰 부부가 송아지들에게 인사하는 모습을 봤다. 나도 늘 해온 일이 영업이지만, 생각해보니 살아 있는 무언가를 팔아본 적은 없는 것 같다. 판매란 건 나에게는 성취였을 뿐 이별은 아니었다. 그러나 저 부부는 송아지를 파는 기쁨보다는 이별이 주는 쓸쓸함이 더 커 보였다.

사막을 완전히 벗어나 투루판에 들러 호텔을 잡은 후 오후에는 교하고성에 들렀다. 투루판에서 서쪽으로 13킬로미터 정도를 달려야 있는 곳이다. 지금은 물이 말랐지만 아주 오래전에는 성 주변이 물로 둘러싸여 있었기 때문에 교하(交河)고성이다. 엄청난 규모의 성이지만 이제는 흔적만 남아 있을 뿐이다. 사람으로 치면 유골조차 온전히 남아 있지 않고 그 윤곽만 간신히 유지되어 있는 상태랄까. 엄청난 역사의 흐름 안에서 한 인간의 삶이란 어찌 보면 참 보잘것없다는 생각이 든다. 이 고성 안에도 수많은 사람과 이야기들이 있었을 텐데 그것들은 다 어디 갔는가. 그리고 그들을 누가 기억하는가. 유적만 간신히 남아 그들이 있었음을 희미하게 증명하고 있을 뿐이다. 길게 늘어선 고성의 외벽들은 영원한 '끝'을 말하고 있다.

직장생활에도 영원은 없듯이 나도 끝에 대해서 종종 생각하게 된다. 인텔코리아의 사장이 되기 전까지만 해도 '정지'에 대한 생각 없이 살았다. 하지만 요즘은 은퇴 생각도 하며 살아야 현재에 더 치열할 수 있지 않나 싶다. 그런 고민을 조금 더 일찍부터 했다면 좋았겠지만, 지금이라도 괜찮다.

요즘 60대는 너무 젊다. 60대에는 지금만큼 열심히 달리고, 한 70대부터 그렇게 살면 되지 않을까? 때문에 앞으로 20년은 더 지금처럼 일할 수 있을 거라 생각하지만 그건 욕심이라는 생각이 불쑥 올라온다. 적당히 물러서야 할 때도 있을 것이다. 노년으로 갈수록 내가 가진 에너지의 50퍼센트는 세상의 회전속도에 맞춰 미친 듯이 달리기보다는 나의 리듬에 맞춰 여유 있게 살아가는 데 쓰려 한다.

은퇴 후 재미있게 살기 위해 요트 자격증, 오토바이 자격증, 드럼 연주까지 이것저것 배워서 결과를 낸 것도 있고 그렇지 못한 것도 있지만, 은퇴라는 단어를 떠올리는 순간 동시에 나에게 강렬하게 다가온 단어는 역시 연극이다. 어떻게 보면 사회생활의 시작이자 나를 여기까지 끌어온 디딤돌이 되어준 연극을 다시 만나고 싶은 욕구가 내안 깊은 곳에 늘 있었던 모양이다. 실제로 무대 위에 서는 일은 불가능하지는 않겠지만 아무래도 어려울 것이다. 내가 가진 세상에 관한 많은 노하우를 활용해 연극 기획을 하고 의미 있는 공연을 만드는 일이 노년의 나에게 더 어울리는 일이라 생각한다. 상업적인 연극보다는 예술성과 시의성이 적절히 조화된, 연극다운 연극을 만들어보고 싶다.

다행스럽게도 나에게는 '연극'이라는 단어만으로도 나를 흥분시키고 내 안에 어떤 것을 꿈틀거리게 만드는 힘이 있다. 그것을 나는 무척 고맙게 생각한다. 처음 서강대 소극장 무대 위에 터질 것 같은 심장을 억누르며 등장하던 순간의 떨림을 아직 간직한 덕분이기도 하겠지만, 무대를 떠나 직장생활 하는 내내 연극을 완전히 떠나보냈다면 나는 그렇게 쉽게 은퇴와 연극을 연결 짓지는 못했을 것이다.

바쁜 시간을 쪼개 가끔 연극을 보기는 했지만 정말 중요한 건 내삶의 궤적이 연극과 무관하지 않음을 스스로 인지하는 일이었다. 지극히 내성적이던 강원도 시골 출신의 촌놈이 어떻게 해서 그 낯설고 까다롭고 어려운 사람들을 만나 그들을 설득하고 토론할 수 있었을까. 생각해보면 나 스스로를 만인에게 당당히 내보이며 나를 표현할 수 있는 방법을 연마할 수 있게 해준 연극의 힘이 컸다. 나는 내 원동력의 근원이 연극에 있음을 잊지 않고 살았고 언젠가 그 근원으로 가깝게 돌아갈 때 생기 있는 삶을 이어갈 수 있으리라는 믿음이 있었다.

또 현대의 연극이란 무대 위에서 펼쳐지는 공연이 전부가 아니라 춤, 노래, 연기 및 각종 무대효과와 이벤트가 겹쳐지는 컨버전스의 예술이다. 이런 특성이 IT가 주도하는 융합의 최전선에서 달려온 나에게 잘 맞는 요소가 아닐까?

봉사하는 삶 또한 제2의 인생을 고민할 때 빠질 수 없는 부분이다. 나는 이제까지 너무도 많은 것을 받으며 살아왔기에, 시간과 여유가 생기면 가능한 한 내가 받은 것을 사회에 돌려주면서 살아야 한다는 생각을 늘 한다. 인텔에는 인텔 파운데이션이라는 재단을 통해 자원봉사를 하고 그 자원봉사에 비례해 돈을 적립, 기부하는 시스템이 있다. 개인적으로 인연을 쌓은 엄홍길 휴먼재단에서 하는, 네팔에 학교를 짓는 활동도 같이 하고 있다. 인텔에서 근무하며 많은 시간을 할애하지는 못했지만 틈틈이 다양한 방식으로 사회에 공헌하며 나 스스로도 충만해지는 기분을 느꼈다. 따져보면 봉사나 사회공헌 활동

노년으로 갈수록 내가 가진 에너지의 50퍼센트는
세상의 회전속도에 맞춰 미친 듯이 달리기보다는
나의 리듬에 맞춰 여유 있게 살아가는 데 쓰려 한다.

역시 나를 위한 일이기도 하다.

은퇴 이후의 삶에 대해 고민하는 사람은 '나는 어떤 사람인가'라는 질문을 다시 던져볼 필요가 있다. 은퇴 후까지 어떤 트렌드에 맞춰 자기 삶을 인위적으로 디자인할 필요가 있을까. 은퇴 후는 온전히 나에게 주어진 마지막 시간이다. 젊은 시절에 자기가 정말 좋아하는 일을 하며 살아서 그것의 연장으로 삶을 살아간다면 좋겠지만 그런 경우는 흔치 않다. 이제까지 좋아하는 일을 못하며 살았을 확률이 높으니 새롭게 자신을 돌아보는 게 좋다. 나 자신과 대면하여 정말 내가 무엇을 원하며 무엇으로 달려왔는가에 대해 질문해야 한다.

그 질문의 답은 은퇴에 직면하여 무작정 떠올린다고 해서 얻을 수는 없다. 연금보험 같은 경제적 대비가 은퇴 후의 삶을 지켜줄 것 같지만 그렇지 않다. 무방비로 아무것도 할 것이 없는 노년을 맞아 20~30년을 쓸쓸히 보내야 한다면 나의 행복을 어떻게 보장할 수 있단 말인가. 은퇴에 대한 고민은 보험과 같다. 한 살이라도 더 젊을 때부터 준비해야 잘 대처할 수 있다. 살아가는 동안 그 질문에 도달하기 위한 자잘한 질문들을 꾸준히 던져야 하는 것이다.

성장에는 아픔이 따른다

_인텔에서의 성공과 실패

사람들은 가끔 내가 인텔을 선택한 이유에는 대단히 심오한 고민이 녹아 있을 것이라 짐작해 나를 난처하게 만들곤 한다. 당시에는 나름 심각하게 머리를 싸맸을지 모르지만, 나는 모든 일은 현장에 직접 가봐야 알 수 있다고 믿는 편이다. 바깥에서 아무리 많은 이야기를 듣는다 해도, 그것은 결국 남의 입에서 나온 것이다. 회사에서 일하는 건 나 자신 아닌가. 직접 경험하고 부딪쳐야 나에게 어떻게 다가오는지 알 수 있다.

인텔 입사도 마찬가지였다. 인텔이 내가 다룬 군용장비에 들어가는 첨단 칩을 만드는 회사였고 좋은 평가를 받는 글로벌 기업이라는 점이 긍정적으로 다가오긴 했지만, 새로운 직장을 고민하던 차에 우연히 눈에 들어온 취업공고를 보고 일단 취직을 해서 일해보자는 생각으로 입사지원서를 쓴 것이 솔직한 나의 인텔 입사 스토리이다.

취업 때문에 엄청난 스트레스를 받고 있는 지금의 청년들에게 쉽게 할 수 있는 이야기는 아니지만, 경험해보지 않은 일을 지나치게 고민하는 태도는 바람직하지 않다. 일단 부딪쳐보고 자신이 처한 환경 안에서 최대치까지 도전해본 후, 그럼에도 자신의 꿈이나 성향과 맞지 않는 부분이 있다면 다른 선택을 고민해도 늦지 않다. 또 어느 분야에서 최선을 다해 달려본 사람은 누구나 높게 평가하며, 그런 사람에게는 자연스럽게 새로운 기회들이 주어지기 마련이다.

나 역시도 지금은 이렇게 이야기하지만 처음 새로운 회사에 들어가 적응하는 것이 마냥 쉽지만은 않았다. 이직하면 스트레스가 따라올 수밖에 없다. 처음 6개월은 소화도 안 되고 뒷목이 당겨왔다. 다국적 기업의 분위기도 처음에는 낯설었고, 회사 내에서 존재감을 증명해야 한다는 압박감에 끊임없이 시달렸다. 지나고 나니 '그땐 그랬지' 하고 웃어넘길 수 있지만 말이다. 그러나 현재를 치열하게 살아가는 사람이라면 새로운 환경에 적응하면서 느끼는 어려움들은 충분히 극복해낼 수 있다고 본다.

인텔 입사에 성공한 직후에도 이 회사에 충성해 평생 인텔맨으로 살겠다는 생각 같은 건 없었다. 5년 정도 일해보고 노하우를 배워 내 사업을 하는 게 좋지 않을까 싶기도 했다. 그렇다고 내일이라도 등질 회사에 있는 것처럼 일을 대충 했다는 이야기는 아니다.

내가 입사 지원을 할 때는 금성을 나올 때의 바람대로 애플리케이션 엔지니어라는 기술영업직에 지원을 했다. 그런데 막상 인텔 입사를 통보받고 발령받은 부서를 보니 내 업무는 네트워크 스페셜리스트였다. 한마디로 전산실 근무였다. 지원은 기술영업으로 해서 그 일을 하는 줄 알고 입사를 했는데, 정작 전산실에서 일하게 된 것이다. 그렇지만 이왕 회사에 들어왔는데 마음에 들지 않는 부서에 배치됐다고 당장 회사를 박차고 나갈 수는 없었다.

입사해서 처음 한 업무는 회사 내 교환기를 만지거나 해외 본사와 국내 회사를 연결해주는 통신망을 이용해 컴퓨터 네트워크를 만드는 일이었다. 1991년 당시는 메인프레임 컴퓨팅에서 클라이언트 서버 컴퓨팅으로 변해가던 도입기였다. 50노드 규모의 사무실 컴퓨터에 케이블을 하나씩 연결해 회사 전반의 네트워크망을 구축하고, 통신망이 마비될 때마다 복구시키는 일을 했다. 군대에서 했던 통신업무와 비슷했다. 내 전임자는 소프트웨어 전문가라 컴퓨터 장비에는 초보적인 지식밖에 없어 네트워크 설비를 능숙하게 다루기는 역부족이었다. 내가 오고 나서 사내 네트워크가 한결 안정됐다는 평가가 나왔다. 이외에 PC에 소프트웨어를 설치하거나 네트워크 장비, 교환기 등을 손보는 것도 내 담당이었다.

업무에 귀천이 있겠냐마는, 내가 맡은 업무는 그렇게 화려하고 폼나는 일이 아니었다. 이메일 게이트웨이 개발 같은 IT 전문가다운 일을 하기도 했지만, 대체로 끊어진 통신망을 복구하기 위해 옷으로 바닥의 먼지를 쓸고 다니는 게 나의 일이었다. 당시 네트워크 구조는 어느 하나의 케이블만 빠져도 전체 네트워크가 마비됐기 때문에 누군가가 작은 실수만 저질러도 시시때때로 통신이 두절됐다. 나는 그럴 때마다 컴퓨터 아래로 기어들어가 네트워크망을 점검해야 했다. 바닥을 긴다는 말은 이럴 때 쓰는 표현이 아닐까? 게다가 회사 내 네트워크 서비스직이나 마찬가지인 일이라 툭하면 끊겼다며 항의를 받아야 했다. 나는 인텔에서 이 일을 3년 동안 했다. 바닥을 기는 시간이 많은 업무였지만 덕분에 나는 네트워크 장비에 관한 해박한 지식을 얻을 수 있었다.

부서를 옮기는 과정에서 짧은 에피소드도 있다. 전산실에서 일할 당시 인텔코리아 사장이었던 Ken Lee가 자기 집 컴퓨터를 고쳐달라며 나를 불렀다. 가서 컴퓨터를 고치고 사장과 이런저런 대화를 나누다가 그가 농담처럼 이런 얘기를 했다.

"인텔에 남자 직원들은 여직원들에 비해 별로라고 생각했는데, 이 희성 씨는 좀 다르네. 그래, 희성 씨는 앞으로 뭘 하고 싶어요?"

"네트워크 스페셜리스트로 3년 일했으니 이제는 영업을 해보고 싶습니다."

사장이 그때 나와 나눈 대화를 기억해서일까? 얼마 후 나는 영업직으로 발령을 받았다. 금성에서의 3년 반을 더하면 영업일을 하기까지 6년 반이 걸린 셈이다. 그 시간이 고되고 초조하게 느껴지지는 않았다. 언젠가 기회가 온다고 생각하며 영업에 필요한 기초 지식을 쌓는 과정이라고 나 스스로를 설득시켰다.

새롭게 옮긴 조직은 랜카드, 프린트 서버, 라우터 등 인텔에서 만든 네트워크 장비들을 파는 곳이었다. 1994년의 일이다. 이때는 컴퓨터 네트워크의 전성기였다. 정말 영업이 잘됐다. 보통은 은행 등 컴퓨터 네트워크를 구축한 기업의 네트워크 담당자들을 만나 왜 인텔의 네트워크 장비를 사야 하는지 설명했다. 우리가 쓰는 말로 스펙을 박는다고 한다. 인텔이 판매하는 네트워크 장비에 딱 맞는 사양을 제시하여 설득시키고 대리점과 연결해 구매를 유도했다. 이때 전산실에서 고생한 3년간의 경험이 큰 도움이 됐다. 그들이 무엇을 고민하는지 정확히 알고 있었기 때문에 설득이 용이했다.

낭시 인텔은 직접 제품을 판매하지 않고 대리점을 활용했다. 워낙 제품의 영향력이 크다 보니 삼성전자를 대리점으로 둘 정도였다. 대리점 직원 수도 상당히 많아 이 사람들을 다 모아놓고 제품 판매와 관련해 2박 3일 동안 세미나를 진행하면서 낮에는 일하고 밤에는 신나게 어울려 놀았던 기억도 있다. '회사 가는 것이 즐겁다'는 말이 현실로 다가왔던 시기였다.

네트워크 장비 영업에서 좋은 성과를 거둔 나는 어린 나이에 컴퓨터 네트워크에 누구보다 해박해 직장 내에서 유능한 인재로 인정받고 있었다. 1996년부터는 조금 더 규모 있는 비즈니스의 기회가 주어졌다. 당시로서는 최첨단 기술이었던 화상회의 시스템, 서로 얼굴을 보고 소통하는 컴퓨팅 설비를 판매하는 일을 맡은 것이다. 포스코 본사 빌딩이 그때 막 서울 한복판에 지어졌는데, 당시 포스코는 전국에 있는 모든 계열사의 임원들이 화상으로 회의를 할 수 있는 시스템을 만들고 싶어했다. 나는 이 수요를 파악하고 포스코에 인텔의 화상회의 시스템을 제안해 성공했고 덕분에 큰 영업 실적을 올릴 수 있었다.

대기업인 포스코를 고객으로 만든 성과는 엄청났다. 그해에 우리 팀은 아시아 내 인텔에서 이 시스템을 가장 많이 판매한 팀으로 선정되어 상을 받았다. 시상식은 미국에서 있었는데 마치 아카데미 시상식 같은 분위기를 연출해 수상자들의 어깨를 으쓱하게 만들어주었다.

3천여 명 사람들의 박수를 받으며 수상소감을 말할 때의 감동이 아직도 남아 있다.

그러나 이렇게 대단한 영광을 가져다준 화상회의 시스템은 동시에 내 인생의 가장 쓰라린 기억을 남겨준 아픔이기도 하다. 이 글을 읽는 사람들 또한 여전히 상용화되지 않은 화상회의 시스템이 90년대 후반에 성공을 거둘 수 있었을까 하며 고개를 갸웃했는지도 모르겠다.

화상회의 시스템이 당시 앤디 그로브 인텔 회장의 역작이면서 시대를 몇 단계 앞서간 혁신 기술이었다는 생각은 지금도 변함이 없다. 또 어디에 설치하든 전시 효과가 좋다는 부수적인 장점도 있다. 다만 시대를 너무 앞서갔다는 게 문제였다. 예컨대 지금은 핵심 기술로 평가받는 클라우딩 컴퓨팅 기술도 고객의 이해와 인터넷 인프라가 부족한 지역에서는 그 가치를 인정받을 수 없다. 1990년대부터 2000년대까지 실리콘밸리에서 일어났다 사라진 많은 혁신기업 중에는 뛰어난 발상과 도전에도 불구하고 지나친 급진성으로 인해 무너진 회사가 적지 않다. 사업은 발명대회가 아닌 고객과의 만남이고, 인프라가 동반될 때 실현될 수 있는 복합체이다.

화상회의 시스템 역시 컴퓨터 화면을 보고 대화를 나누는 것에 대한 사용자들의 이해부터 조작의 어려움, 호환성, 인프라 등 상용화되기에는 부적절한 여러 가지 요인을 내재하고 있었다. 그러나 네트워크 장비 영업과 포스코를 상대로 거둔 성공으로 승승장구하던 그때의 나는 뒤를 돌아볼 이유가 없었다.

나는 1998년에 아시아 전체에 화상회의 시스템을 마케팅하는 매니저로 발령받아 싱가포르로 떠났다. 싱가포르에 갈 때만 해도 아예 해외로 나가 세계를 상대로 영업을 한다는 사실에 흥분도 됐고 기대도 컸다. 싱가포르에 도착해서는 중국, 호주, 인도 등지를 정신없이 돌아다니며 영업을 했다. 눈코 뜰 새 없이 바빴지만 영업 자체가 적성에 잘 맞았고, 세계 각지에서 다양한 고객을 만나는 즐거움도 느낄 수 있었다.

결과는 어땠을까? 완전한 실패였다. 나의 역량 부족도 있었지만 결과적으로는 제품 자체가 아시아 시장 전체로 확산될 만한 잠재력을 갖고 있지 못했다. 한국에서는 무조건 받아 팔면 끝이었고, 팔지 못하면 실패였으니 단순했다. 그러나 싱가포르에서의 내 위치는 달랐다. 마케팅 총괄 매니저로서 총대를 메고 어떻게든 제품을 판매해볼 궁리를 하는 게 아니라, 좀 더 냉철하게 물러나 마켓을 분석하고 전망을 예측하여 이 제품이 과연 시장에서 설득력을 가질 수 있는지 판단했어야 했다. 경험 부족이었고, 정신없이 달리느라 내가 어디에 서 있는지를 잊어버린 탓이었다.

하나가 좋지 않으면 다른 것도 나빠지는 경우가 흔한데, 싱가포르 회사 내부 분위기도 좋지 않았다. 나는 소통을 할 때 언제나 세일즈맨의 감각으로 대화하는 편이었지만 싱가포르의 마케팅 직원들은 항상 통계나 논리를 요구했다. 이전의 내 경험이 전혀 고려되지 않았다. 같은 아시아인이었지만 사고는 완전히 서양식이었다. 그들은 경험적 사고를 하지 않고 객관적 근거를 핵심 가치로 여겼다. 한마디로 '내가 해봤다'는 식의 설득이 먹히지 않았다. 마케터들은 가격 측정부터 시장 분석까지 면밀하고 세밀한 데이터를 가지고 일하는 사람들이었으니까.

그런 와중에 내 싱가포르 생활에 종지부를 찍는 사건이 벌어졌다. 미국에서 온 내 상사의 상사였던 Brian이 미국의 제품 마케팅 담당자들과의 회의를 끝내고 이런 얘기를 했다.

"내가 보기엔 사람들이 HS를 신뢰하지 못하고 있는 것 같네요."
"그게 무슨 뜻이죠?"
"HS는 영어가 모국어가 아니라 정확히 모르겠지만, 내 귀에는 그 사람들이 HS를 낮추어 비웃듯 이야기하고 있는 게 느껴집니다."

나는 순간 정신이 멍해져 아무 말도 할 수 없었다. 나는 어떻게든 그들과 대화하기 위해 온 정신을 쏟아가며 영어를 내뱉고 듣기를 반복하고 있었는데, 그 뒤에 차가운 조롱과 불신이 숨어 있었을 줄이야. 나는 그 이야기를 듣고 내가 더 이상 싱가포르에 있는 게 아무 의미 없다는 사실을 깨달았다.

싱가포르에서의 기억은 다시 떠올리고 싶지 않은 아픈 기억이지만, 나의 성장에 도움을 주었다. 대상을 가리지 않고 직감적이고 열정적으로 말하는 것이 전부라고 생각했던 나의 스타일을 바꿔 필요에 따라서는 논리와 이론, 근거를 동원해 상대를 설득하게 되었으며, 주어진 배당을 몸을 던져 팔아내는 영업 전략이 전부가 아니라 시장에 대한 꼼꼼한 사전 준비가 큰 실패를 방지해준다는 사실을 깨닫게 된 것이다. 닫혀 있는 문을 맞지 않은 열쇠로 아무리 열려고 해봤자 문은 열리지 않는다. 열쇠가 부러지든 내 손이 부러지든 둘 중 하나일 뿐이다.

그리고 그 일을 통해 예전보다 조금은 내려놓는 법을 배우기도 했다. 어느 심리학자는 강연에서 이런 이야기를 했다. 어떤 사람이 물컵을 들고 있을 때, 중요한 건 물컵의 무게가 아니라 그것을 들고 있었던 시간이라고. 물컵을 잠깐 들고 있다면 아무 문제 없겠지만 하루 종일 들고 있다면 팔이 마비되어버릴 것이다. 스트레스와 걱정, 욕심 모두 너무 오래 쥐거나 들고 있으면 나를 마비시켜버릴 수도 있다는 점을 깨달았다.

시간이 지나면 기억하고 싶지 않은 기억은 희미해지기 마련이다. 분명 그때 당시의 좌절은 컸지만, 10년이 훌쩍 지난 지금 돌이켜보면 '그런 일이 있었지' 싶기도 하다. 그렇기 때문에 강연 등에서 웃는 얼굴로 당시의 실패담을 농담처럼 이야기하기도 한다. 그러나 분명한 건 CEO로 성장한 나에게도 바깥에서 실패하고 안에서 무시당하며 과연 내일이 있을지 절망했던 때가 있었고, 그런 과정을 하나하나 겪으며 지금에 이르렀다는 점이다.

위대한 혁신

_포도의 도시 투루판

    타클라마칸 사막에 본격적으로 들어가기 전, 투루판에서 본 포도 농장에 대해 이야기해야겠다. 투루판에 가까워지면서 점점 더워졌다. 여름에는 기온이 50도 가까이 오른다니 초봄을 택해 이곳을 찾은 게 정말 다행이다 싶다. 실크로드의 분기점에 놓여 있는 투루판은 풍경 자체가 생경하다. 투루판에 가까워질수록 이제까지 수도 없이 마주쳤던 누런 황무지와 사막이 사라지고 잘 닦인 포장도로 사이로 푸른 가로수가 빽빽하게 서서 방문객을 맞는다. 자세히 보니 우리나라에서도 볼 수 있는 포플러 나무다.

    정씨에게 물으니 이곳은 인근에서 손꼽히는 비옥한 농경지대로 중국에서 가장 유명한 포도 생산지라고 한다. 나는 예전에 와인에 관심을 가진 덕분에 포도 농사에 대한 짧은 식견이 있다. 포도 농사는 무엇보다 고온건조한 기후가 필수다. 또한 햇빛을 많이 받아야 하는 작물이라 일조량 또한 중요하다고 들었다. 그 조건에 딱 맞는 도시가 투루판이다.

도시 안으로 들어가보니 투루판은 도시 전체가 거대한 과수원 같았다. 곳곳에 시냇물이 흐르는 가운데 포도넝쿨을 쉽게 발견할 수 있었고, 여기저기 농가에서 갖가지 과일을 재배 중이었다. 거리를 걷는 것만으로도 메마른 사막을 달리느라 거칠어진 피부에 물기가 배어드는 느낌이었다. 사막 아닌 자연이 주는 풍요로움과 여유가 어떤 것인지 단 며칠의 여행만으로도 충분히 알 수 있었다. 오아시스에서 쉰다는 게 이런 기분일까?

잠시 농가 한 곳을 찾아 먹어본 과일은 정말 맛있었다. 생각해보면 이곳은 사막이라 과일 생산에 필요한 일조량과 고온은 문제될 것이 없는데, 그래도 포도 또한 식물이다. 건조하다고 해도 농사에 필요한 최소한의 물이 있어야 할 텐데 사막 인근의 도시에서 그 많은 물을 어떻게 조달하는 것일까? 주변을 둘러봐도 특별히 오아시스나 강은 찾아볼 수 없었다.

그 궁금증은 투루판 내 포도 농장을 둘러보면서 해결됐다. 투루판에는 위구르인들이 수천 년에 걸쳐 만들어놓은 '카레즈'라는 독특한 수로가 존재한다. 이 수로 자체가 역사이고 유물인지라 아예 박물관을 만들어 관람객에게 카레즈의 원리를 설명해주고 있었다. 지하에 만들어놓은 박물관 안에는 카레즈의 모형과 카레즈를 만들 때 사용한 각종 굴삭 장비 등이 전시되어 있었다.

카레즈는 쉽게 말해 먼 곳에 떨어져 있는 설산의 눈 녹은 물을 지하수로로 연결해 도시 안까지 끌어들이는 거대한 수로를 말한다. 산과 투루판 사이에 일정 간격으로 우물을 계속 뚫은 후 이들을 서로 연결시켜 수로를 만드는데, 지하수의 수원이 되는 곳과 투루판 농장 사이의 거리는 무려 30~40킬로미터에 달한다. 놀라운 건 이 카레즈의 수가 1천여 개에 달한다는 점이다. 중국에 오면 뭐든지 단위 자체가 다르다. 어지간한 건 0을 한두 개 더 붙여야 이야기가 된다.

투루판 특산 건포도를 입에 넣으며 나는 카레즈를 만들어낸 까마득한 세월에 대해 상상했다. 이 카레즈의 길이를 모두 합하면 5천 킬로미터가 넘고 하나의 카레즈를 만들기 위해서는 최대 5년의 시간이 소요된다고 한다. 지금 나는 그저 포도가 달구나 하며 건포도를 삼키고 있지만, 이 포도가 만들어지기까지는 역사적으로 상상하기 어려울 정도의 도전이 있었을 것이다. 이는 마치 사막에서 꽃을 피우는 것과 같은 혁신이다.

내가 카레즈를 인상적으로 기억하는 이유는 카레즈의 도전과 혁신이 기업의 가치를 빚어내는 과정과 흡사한 까닭이다. 카레즈를 계획한 위구르인의 상당수는 유목민이고, 이 척박한 사막에 정착해 포도 농사를 하기로 결심하기까지는 적잖은 고민과 갈등이 있었을 것이다. 실제 투루판의 연 강수량은 10밀리미터가 안 된다고 한다. 농사라는 단어 자체를 떠올리기 어려운 환경이다. 물론 유목이 아닌 농경을 선택한 데는 어떤 피치 못할 사정이나 지배층의 강압 또한 작용했으리라. 그렇다 해도 당장 성과도 보기 힘든 수로 개설을 위해 수십 수백 년을 대대로 우물을 파며 먼 후대를 기약했다는 것만으로 경이로운 사례가 아닐까. 이 점을 중국 정부도 인정해 카레즈는 만리장성, 대운하와 함께 중국의 3대 역사(役事)로 꼽힌다고 한다.

혁신은 정주성을 벗어나려는 의지에서부터 출발한다. 한국 프로야구 역사에서 명감독으로 손꼽히는 김성근 감독은 강연에서 이런 말을 했다. "이기는 발상은 비상식에서 온다. 남과 다른 것이 중요하다. 정상적 상황이 아닌 쥐가 고양이 앞에서 죽음을 목전에 두고 내리는 발상이 의미 있는 것이다." 상식 바깥의 생각을 하고야 마는 절박함과 탈주가 혁신의 전제조건이다. 때로는 현실 유지조차 힘겨운 상황들도 종종 도래한다. 그러나 안주하면 도태된다는 건 이제까지 수많은 사레와 역사가 증명해주고 있다. 최근 한국만 봐도 소위 철밥통이라는 몇몇 직업조차 변화의 요구를 거세게 받는 것을 심심치 않게 목도할 수 있다. 그만큼 사회는 급변하는 중이고, 한 가지 방식만으로 생존하기 어려워졌다.

돌이켜보면 변화 자체를 즐길 수 있었다는 게 나에겐 행운이었다. 인텔에 입사하고 나서도 나는 매번 새로운 일에 뛰어들어 나의 역할을 바꿨다. 그때마다 새로운 역할에 적응하기 위해 공부하고 대화해야 했다. 사실 안정적으로 회사생활 하는 것이 목표였다면 매번 이렇게 새로운 일에 뛰어들지는 않았을 것이다. 나는 그런 도전 자체가 재미있었고 똑같은 일만 계속하는 것을 원하지 않았다. 회사의 상황이 여의치 않아 도전을 허락하지 않을 때는 어쩔 수 없었지만, 기회만 주어진다면 나는 언제나 자청해서 미개척 분야로 내 몸을 들이밀곤 했다.

물론 그 즐거움 가운데는 힘든 시간들이 있었고, 즐거움과 두려움은 늘 공존해왔던 게 사실이다. 생각해보면 특히 1990년대 말부터 2000년대 초반, 인텔은 계속적으로 새로운 비즈니스를 만드는 시도를 했고, 그러한 시도 중에 변변한 성공은 없었다. 그 이유는 마이크로프로세서로 대변되는 핵심 사업이 정말 잘되고 수익률이 높았기 때문이다. 한마디로 참을성이 없었다. 2005년부터 그런 변화가 줄어들었다. 핵심 역량을 반도체에 집중하기 시작한 것이 이때부터다. 그전까지는 워낙 많은 사업이 일어나고 사라지고를 반복하다 보니, 실패가 매 순간 내 옆에 있었다. 가끔 이제까지 내가 인텔에서 이뤄왔던 모든 것을 잃고 갑자기 차가운 길바닥으로 쫓겨나는 건 아닐까 하는 공포에 시달릴 때도 있었다.

예를 들면 2000년이 그랬다. 2000년 인텔은 데이터서비스 비즈니스를 시도하면서 데이터센터 건설을 추진했다. 이 사업을 주도했던 게 나였고, 실제로 센터가 건설되면 그곳의 책임자로 갈 계획까지 세우고 있었다. 우여곡절 끝에 추진은 다 하고 실제 그곳에 가서 일을 하지는 못했는데, 결국 이 사업은 실패해 센터는 문을 닫았고 많은 사람들이 자리를 잃었다. 이후로 디지털 홈 시스템, 즉 PC를 거실로 가져다 놓자는 프로젝트를 공격적으로 시도하다 접으면서 또 주변의 적지 않은 사람이 인텔을 떠나기도 했다.

이런 식으로 인텔은 2~3년 주기로 새로운 사업을 다양하게 시도하면서 과감하게 투자하고 과감하게 포기했다. 그 역동성에 흥분되다가도 지나치게 흔들리면 멀미가 나기도 했다. 내가 세상을 쥐고 흔들어가고 싶었지만 그러기에는 그 진폭이 너무 컸다. 하지만 그 어지러움과 공포를 떨쳐내고 마침내 성취했을 때는 내가 느꼈던 좋지 않은 감정의 수 배, 수십 배에 달하는 짜릿한 성취감을 맛볼 수 있다. 생명을 담보로 하는 등산과 같이 전대미문의 탐험에 도전하는 사람들의 심정 또한 그러하리라 짐작한다.

급격히 변화하는 세계는 IT업계에 더 빠르고 더 방대한 기능을 요구하고 있다. 최근 인텔의 도전에는 빅데이터와 슈퍼컴퓨터와 연관된 것들이 많다. 빅데이터는 양날의 검이다. 잘못 쓰면 감시나 통제, 사생활 침해 등으로 이어질 수 있지만 잘 쓰면 인류에게 무한한 가능성을 가져다줄 수 있다. 특히 금융권의 보안 사고가 매해 이슈가 되고 있는 지금, 효율적으로 빅데이터를 쓸 수 있는 능력을 갖추는 게 중요하다.

개인 정보 같은 빅데이터를 잘 보호하는 것은 당연한 일이지만 그에 따른 비용이 엄청나게 증가하고 사용자 입장에서 느끼는 번거로움도 크다. 예를 들어 하나의 개인 정보가 책상 서랍 안에 들어 있다면 필요할 때마다 서랍을 열어서 바로 꺼내 볼 수 있다. 하지만 유출 위험성이 높다. 그래서 이번에는 잠금장치가 된 서류함에 개인 정보를 넣어두고 다시 서랍 안에 넣는다. 이렇게 하면 더 안정적으로 개인 정보를 보호할 수는 있다. 다만 필요할 때마다 서랍에서 서류함을 꺼내 잠금장치를 해제하고 열람 후에는 다시 반대로 진행해서 보관해야 한다. 일 처리 속도가 이전보다 더 느려진 셈이다. 또한 서류함 사이즈 때문에 동일한 개인 정보를 가지고 있다 하더라도 더 많은 서랍 달린 책상이 필요하게 된다. 이런 문제를 기술적으로 해결하는 것 역시 IT 기업의 몫이다. 개인 정보를 보관하는 서랍 달린 책상 자체의 성능을 끌어올려 더 적은 책상으로도 더 많은 서류함을 더 빠르게 이용할 수 있게 발전하는 식이다.

얼마 전에 서울시에서 재미있는 사례를 전해 들었다. 빅데이터를 활용해 대중교통 노선도를 만들었다는 이야기였다. 심야에도 버스를 운행하려는 계획을 세우니 어디를 얼마나 지나야 할지 감이 잡히지 않았다고 한다. 이에 심야에 발생하는 휴대전화 송수신량을 체크해 전화를 많이 하는 곳 중심으로 노선을 만들었더니 폭발적인 수요가 발생했다는 것이다. 이제는 행정에도 빅데이터가 적절히 활용되고 있다는 소식은 고무적이었다.

그리고 이런 빅데이터를 소화하려면 고성능 컴퓨팅의 활용이 필수적이다. 빅데이터는 빨리빨리 활용할 수 있어야 그 효용이 높아진다. 많은 기업들이 가진 컴퓨터의 성능이 데이터를 따라가지 못해 데이터 분석이나 저장에만 몇 달을 소비하다가 실시간 데이터 수집과 분석에 실패하는 경우가 비일비재하다. 투자 시점을 잡는 것이 기업의 중요한 경쟁력이라는 점을 생각해보면 컴퓨터의 성능이 기업 경쟁력과 직결되는 셈이다. 실시간으로 빅데이터를 잘 분석할 수 있으면 병원에서 환자의 상태를 즉각적으로 분석해 약물의 적절한 처방 및 조제를 실시간으로 할 수 있다. 리테일 매장에서 제품들의 가격 경쟁력을 높이고 소셜미디어와 마케팅 판매를 강화하는 것도 가능하다. 금융권에서는 일탈적 소비 유형을 빠르게 파악해 금융 사기를 탐지할 수도 있다.

이미 고성능 컴퓨팅은 일기예보부터 질병 치료, 금융, 국방 등 여러 분야에서 강력한 성능으로 복잡한 대규모 연산을 처리하여 연구 성과를 높여주고 있다. 노벨물리학상과 관련된 '힉스 입자'의 발견은 슈퍼컴퓨터 없이는 이뤄내기 힘든 대표적인 사례로 종종 회자된다. 힉스 입자가 예견된 건 1964년이지만, 그것의 발견은 그와 관련된 방대한 양의 정보를 처리할 수 있는 컴퓨터가 등장한 반세기 후에나 이루어질 수 있었다.

영화에서도 고성능 컴퓨팅이 중요한 역할을 하고 있다는 사실은 매우 흥미롭다. 2013년 여름에 〈미스터고〉라는 영화의 컴퓨터그래픽(CG)을 국내에서 만들어낼 때 고성능 컴퓨팅이 핵심적인 역할을 했다. 영화 속에 등장하는 가상의 고릴라를 표현해내는 데 사용된 데이터의 양이 600테라바이트에 이르렀다. 고릴라의 털 하나하나까지 세세하게 표현해내야 했기 때문이다. 이는 미 의회 도서관 소장 자료의 30배, HD급 동영상 9년 10개월 분량에 해당한다. 이 방대한 분량을 소화하려면 어지간한 PC라면 400년은 걸렸겠지만 슈퍼컴퓨터는 5개월 만에 이것을 해냈다.

프로세서 업계에는 18개월마다 칩의 성능이 2배로 높아진다는 '무어의 법칙'이 있다. CG 영화 업계에는 '슈렉의 법칙'이 있다. 영화의 속편이 나올 때마다 2배 이상의 렌더링 시간이 요구된다는 것이다. 미국의 드림웍스가 〈슈렉3〉를 제작할 때는 2,000만 시간을 렌더링 작업에 소요했는데, 후속작인 〈슈렉 포에버〉를 제작할 때는 전작의 2배가 넘는 4,500만 시간을 소요했다. CG의 품질이 높아질수록 엄청나게 많은 시간이 들어가는데, 이 시간을 줄이기 위해서는 슈퍼컴퓨터의 성능 발전이 필수적이다. 그 끝이 어디일지는 누구도 짐작할 수 없다. 인텔 앞에 놓인 도전은 무궁무진하다.

인텔코리아의 사장이 되고 나서도 2~3년 단위로 새로운 도전이 있었고 앞으로도 그러하리라 생각한다. 그때마다 두려움은 딸려올 것이고, 두려움 뒤에 찾아올 성취감 또한 여전하리라 믿는다. 누구나 할 수 있는 일을 해낼 때의 행복은 크지 않다. 어려운 일일수록 도달하면 만족도 크다. 어려운 일에 용기를 내고 비전을 보여주는 일을 하는 게 리더다. 따져보면 인텔의 탄생 자체가 도전의 산물이다. 인텔은 소수의 젊은이들의 무모해 보이는 도전으로부터 시작되었다. 반도체 제조에 새로운 기술을 도입할 것을 경영진에 건의했으나 거절당한 젊은 과학자들이 안정적인 직장을 박차고 나와 인텔을 창업한 것이다.

도전하고 혁신하는 사람은 다른 사람들에게 감동을 준다. 2012년 인텔 국제과학경진대회(Intel ISEF 2012)에서 췌장암 진단 키트를 개발해 최고상인 고든 무어상(Gordon E. Moore Award)을 수상한 15세 소년 잭 안드라카가 그렇다.

잭은 가족처럼 가깝게 지내던 지인이 췌장암으로 갑자기 세상을 떠나자 췌장암에 대해 궁금증을 갖게 됐다. 잭은 끊임없는 정보 검색을 통해 췌장암도 조기에 발견하면 다른 암들처럼 얼마든지 치료가 가능하다는 사실을 알아냈고, 자신의 연구를 좀 더 발전시키고 실현하기 위해 췌장암을 연구하는 200명의 교수들에게 이메일을 보냈다. 그중 딱 한 명의 교수만이 이 소년을 연구실로 초청했고, 7개월 동안의 연구 끝에 잭은 마침내 췌장암 진단 키트 개발에 성공했다.

국내에서도 29세의 젊은 청년 권용인 씨가 만든 유튜브 동영상 '79만원으로 세계일주'가 기억에 남는다. 2011년부터 단돈 79만원으로 시작한 세계일주를 기념하며 '79만원으로 세계일주'라는 제목의 동영상을 찍어 자신의 여행을 소개한 그는 부족한 경비와 영어 실력, 주변의 만류라는 난관이 있었지만, 무모해 보일지 모르는 도전의 시작에는 '그래도 가능하다'라는 신념이 있었다고 밝혔다. 이들의 스토리에 사람들은 열광하고 감동한다.

다만 때로는 이러한 도전과 혁신이 개인의 마인드만으로 해결되지 않는 경우도 있다. 나는 도약하고 싶은데 내가 있는 자리가 나에게 보수적인 룰을 요구한다면 어쩔 수 없다. 그럴 때는 아예 내 포지션을 바꿔 과감히 새로운 공간으로 물리적 이동을 시도하는 것 또한 방법이 아니겠는가. 내가 사장이 된 후 인텔코리아의 비즈니스 범위가 확장되어, 전 세계에서 한국 지점이 갖는 위상 또한 점점 커지는 등 많은 발전이 있었다고 자평한다. 또 그런 발전이 주는 동기부여가 나를 달리게 하고 있다. 하지만 동시에 너무 오래 이곳에 머무는 건 아닌가 하는 고민도 있다. 내 앞에 놓인 진정한 도전은 무엇일까.

바깥에서 평가받아라

_스카우트 제안

1999년, 나는 끝내 싱가포르에서 한국으로 돌아오기로 결심했다. 의기소침해지기보다는 기회를 찾기로 했다. 그리고 한국으로 돌아와 나만의 장점을 활용해 만들어낼 수 있는 새로운 가능성에 집중했다. 화상회의 시스템 같은 혁신적인 아이템의 시장 가치를 판단해 고객에게 전달하는 역량은 아직 나에게 부족하다는 생각이 들었다. 그렇다면 나에게 가장 익숙한 상품을 새로운 방식으로 판매하는 게 내가 가장 잘할 수 있는 일이 아닐까 싶었다.

그런 고민 끝에 나온 게 '공짜PC' 이벤트였다. 데이콤, 현주컴퓨터, 외환카드 세 개 회사를 묶어 외환카드를 사용해 PC 가격을 3년으로 나눠 인터넷 사용료에 조금 더 많은 금액만 내면 공짜로 PC를 제공하는 이벤트였다. 이 아이디어는 어마어마한 성공을 거둬 내가 만든 프로그램을 모방하는 기획들이 다른 회사에서 우후죽순 생겨날 정도였다.

공짜PC 이벤트가 열린 1999년은 IMF의 우울함이 아직 걷히지 않은 경기 불황의 시절이었다. 나에게는 오히려 이것이 기회였다. 집단 해고의 여파로 불어닥친 PC방 개업 열풍이 PC 수요를 급격하게 늘렸던 것이다. 내가 기획한 공짜PC를 사간 사람의 상당수는 PC방 업주였다.

시기를 잘 만난 것도 있지만, 무엇보다 이 아이디어는 파트너십을 맺은 모두가 이득을 보는 프로세스였기에 성공할 수밖에 없었다. 데이콤은 가입자를 확보하고 외환카드는 고객을 얻었다. 현주컴퓨터는 컴퓨터를 많이 팔았다. 소비자는 저가로 인터넷이 되는 컴퓨터를 가질 수 있었다. 모두가 원윈WIN-WIN하는 기획이었다. 비즈니스란 한쪽만 생각하지 말고 참여자 전부에게 이득을 줄 수 있어야 한다. 그 이득을 모두에게 확실히 설명할 수 있다면 고민할 것도 없고 망설일 필요도 없다.

공짜PC의 성공은 싱가포르에서 겪은 우울함을 떨쳐내기에 충분했다. 나는 다시 자신감을 얻고 인텔 내에서 내 가치를 높이는 도전에 뛰어들 수 있었다. 싱가포르에서 한국으로 이어진 경험의 결과로, 나는 잘하는 것을 더 잘할 수 있게 만드는 게 최선이라는 생각을 갖게 됐다. 못하는 것을 보완하기 위한 노력도 당연히 중요하다. 하지만 못하는 것에 시간을 아무리 투자해도 결국 남들 정도밖에 하지 못한다. 잘하는 것에 집중하면 그 성과는 남들이 할 수 있는 것에 수십 수백 배로 나타날 수 있다.

사실 내가 싱가포르에서 일하게 된 데는 특별한 계기가 있었다. 1997년 중반에 시스코에서 스카우트 제의가 왔다. 스카우트 제의를 받은 건 처음이었고, 회사를 옮기는 것 자체에 심각한 의미 부여를 하지는 않았다. 다른 회사에서 나를 정말로 원하는 것인지 긴가민가한 마음도 있었다. 처음에는 그저 내 가치를 시험해보고 싶다는 생각으로 가볍게 면접을 보러 갔는데 황당하면서도 재미있는 일이 있었다. 그날은 나 같은 직원 말고도 시스코 코리아의 사장을 뽑는 면접도 있었던 모양이다. 인사 업무를 맡은 사람이 나를 너무 노안(?)으로 봤는지 그만 사장 면접 장소로 나를 잘못 인도한 것이다.

나는 면접장에 들어가서 인사를 나눌 때까지만 해도 내가 잘못 들어왔다는 사실을 몰랐다. 10분 이상 대화를 나누고 나서야 면접관과 나는 무언가 잘못됐음을 눈치챘다. 면접관으로 온 사람은 시스코 홍콩 사장이었다. 그런데 이상하게도 그는 바로 나에게 나가라고 이야기하지 않고 한참 동안 나와 이런저런 이야기를 나눴다.

시스코 홍콩 사장은 그날 나와 나눈 대화가 마음에 들었는지, 이례적으로 내가 떠난 후 만나서 채용한 시스코 코리아 사장에게 나를 채용하라는 지시를 내렸다고 한다. 이에 깜짝 놀란 시스코 코리아 사장이 나에게 직접 연락을 해 어떻게 된 영문인지 물었다.

"면접 장소를 잘못 안내받아 사장님을 만났고 묻는 질문에 대답하고 나왔습니다. 그게 전부입니다."

내가 회사에 스카우트 제의를 알리고 큰 무리 없이 사표가 수리돼 시스코로 이직하는 것이 기정사실처럼 되려던 찰나에, 뜻밖에 싱가포르에 있는 채널 총괄 매니저가 내 이직을 허락하지 않았다. 더 놀라운 사실은 그가 시스코 홍콩 사장에게 직접 이메일을 보내 두 회사의 협력관계까지 언급하며 나를 데려가지 말 것을 당부했다는 점이다.

보스의 보스쯤 되는 거물이 나를 그 정도로 신뢰한다는 사실에 기쁘기도 했지만 당시의 솔직한 심경은 좀 당황스러웠다. 그리고 이미 회사에 이직 사실을 다 알린 차에 계획이 어그러지니 내 위치가 다소 애매해진 상황이었다. 대신 인텔 내에서 이전보다 더 좋은 대우와 아시아 전체를 대상으로 역량을 펼치는, 좀 더 비중 있는 업무를 배정받게 되었다. 아쉬운 마음은 있었지만 전화위복이라 생각하기로 했다.

그 선택에 대해 후회하지는 않는다. 당시 상황에 비추어보면 시스코에 가서 큰 성공을 거두었을 수도 있지만 처음부터 인텔에서 일하는 것이 마음에 들지 않았던 것도 아니고, 단지 내 가치를 평가받는다는 것에 대한 흥미에서 스카우트 제의를 승낙했을 뿐이다. 그게 우연찮은 계기로 일이 커져 사장의 직접적인 제안까지 받으니 그렇다면 한번 도전해보자는 마음으로 다가갔던 거였고. 그렇지만 인텔에서 다시 나를 존중해주고 새로운 기회를 부여해주었으니 그것으로 충분하다는 생각이다.

그런데 당시 헤드헌터는 왜 그런 어처구니없는 실수를 저지른 걸까? 그 점이 지금도 궁금하다. 실수가 결국 나에게는 긍정적으로 작용하긴 했지만, 지금 생각해보면 참 이해하기 어려운 행동이 아니었나 싶다. 다시 그를 만난다면 그때 왜 나를 시스코 코리아 사장 내정자로 오해했는지 물어보고 싶다.

내가 두 번째 스카우트 제의를 받은 건 그로부터 7년 후다. 나는 2002년부터 반도체까지 합쳐 한국의 통신 관련 비즈니스를 총괄하기 시작했고, 2004년부터는 휴대전화에 들어가는 메모리 관련 영업을 성공적으로 수행해 1년 만에 내가 맡고 있던 통신 부문의 매출을 4배로 성장시켰다. 그런 나에게 스카우트를 제안한 건 경쟁사가 아니라 뜻밖에도 고객이었다.

당시 나의 고객 중 한 사람이었던 모토로라 코리아의 사장이 본사로 떠나면서 그 자리를 나에게 맡아달라고 이야기했었다. 모토로라 코리아와 모토로라 본사의 VP까지 겸임하는 파격적인 대우였다. 나중에 모토로라 본사에서 이 제안이 조정돼 본사 VP가 아닌 아시아 VP가 어떻겠느냐는 제안으로 바뀌어 살짝 마음이 상하긴 했지만, 그렇다 해도 고민할 수밖에 없는 제의였다.

나는 사실 적극적으로 다른 사람을 찾아 조언을 구하는 스타일은 아니다. 나에게 정말 필요한 이야기는 결국 내 귀에 들어오게 되어 있다는 이기주의자이기도 하다. 그렇지만 이번 선택만큼은 나 혼자 판단하기가 어려워 많은 사람들을 만나 고민 상담을 했다.

그중에는 이적 자체가 몸값을 올리는 것이고 도전이기 때문에 과감히 떠나라는 사람도 있었고, 인텔의 비전과 이제까지의 성과를 들어 만류하는 사람도 있었다. 전체적으로는 시스코의 제안을 받았을 때와는 달리 인텔에서 이뤄놓은 성과가 만만치 않으니 떠나지 말라는 의견이 많았다. 그중 가장 내 마음을 움직인 건 이 이야기였다.

"자네, 그러면 앞으로는 고객을 적으로 돌릴 셈인가?"

고객이 적이 된다…… 미처 생각하지 못했던 부분이었다. 따져보면 모토로라는 인텔에서 만난 주요 고객들과 경쟁하는 입장에 있는 기업이었다. 모토로라에 가서 새로운 고객을 확보하고 나름의 노력을 기울이면 극복할 수 있는 부분이겠지만, 그 부분이 못내 마음에 걸렸다. 거기에 내가 이직을 고민하고 있다는 소식을 접한 인텔에서 원하는 만큼의 대우를 해주겠다며 나를 붙들었다. 결국 나는 인텔의 제안을 받아들여 인텔에 남기로 결정했다. 인텔에 남는 조건으로 인텔은 나에게 무엇을 제안했을까? 바로 인텔코리아의 CEO 자리였다. 그 결과로 인텔코리아의 사장이 된 것이다. 그게 2005년의 일이다.

강연 등에서 내가 이런 스카우트와 관련된 비화를 들려주면 사람들은 내가 면접에 가서 대체 무슨 이야기를 했는지 궁금해하곤 한다. 특히 시스코 사장과 우연히 만났을 때 어떤 대화를 나눴기에 사장에 준하는 신뢰를 받을 수 있었는지. 나도 뭔가 크게 자랑할 거리가 있다면 좋겠지만 아무리 돌이켜봐도 정말 감동적인 문구나 화려한 말솜씨로 그들의 마음을 사로잡은 것 같지는 않다. 굳이 한 가지를 짚어본다면 상대가 묻는 이야기에 대해 100%, 200%의 자신감과 내 나름대로 파악한 나만이 알 수 있는 정보와 비전으로 대화를 풀어갔다는 점이다.

내가 받은 두 번의 스카우트 제의는 인텔에서 좀 더 많은 기회와 신뢰를 얻을 수 있는 기회로 작용했다. 나는 회사에서 일하는 것, 특히 글로벌 기업에서 일한다는 것은 프로야구 선수와 다를 게 없다고 생각한다. 누구보다 회사에 중요한 영향을 끼치는 사람이 되어야 한다. 서열이 중요한 게 아니다. 자신을 계발하면서 새로운 모습을 보여주고 역량을 키워야 한다. 매년 연봉 협상에서 유리한 고지에 서기 위해 내 가치를 끊임없이 높여야 한다. 내가 인텔코리아 사장이 된 후 직원들에게 끊임없이 강조하는 부분도 그런 측면이다. 당신이 회사에 고용됐다고 생각하지 말고 회사에 서비스를 제공하는 위치에 있다고 생각하라.

일단 주변 사람들에게 지금 자신이 하는 일에 대해 인정을 받아야 한다. 마음에 들지 않아도 그 일을 제대로 해내야 한다. 나는 금성에서 3년 반, 인텔에서 3년 동안 내가 원했던 업무와는 다른 일을 맡았다. 당장은 아쉬움이 있지만 내 위치에서 일단 할 수 있는 데까지 해보자는 마음이었다. 자신의 위치에서 최선을 다해 인정을 받으면 다른 위치로 갈 때도 설득력을 가질 수 있다.

배경과 경력은 부차적인 요소다. 그 일에 대해 성과를 제대로 보여주면 회사가 나를 알아보고 내가 원하는 위치로 갈 수 있는 기회를 열어준다. 만약 회사가 그런 기회를 주지 않는다면 그때 가서 다른 방향을 고민하면 된다. 또 그렇게 내 가치를 높이다 보면 분명 내가 객관적으로 평가받을 기회가 온다. 바깥의 시선은 안에서 나를 새롭게 볼 수 있게 만들어준다. 그리고 그것은 내가 경험했듯이 또 다른 기회가 되어 좀 더 많은 권한과 기회를 가지고 일할 수 있게 만들어줄 것이다.

오로지 '나'인 것은 없다

_카슈가르의 컨버전스

　투루판을 빠져나와 우리는 서부의 공업신도시 쿠얼러 시로 향했다. 이곳은 유전이 발견되면서 대대적으로 한족이 유입돼 원주민인 위구르족이 쫓겨나고 한족이 차지한 도시라고 한다. 쿠얼러는 실크로드의 한 부분이라기보다는 중국 동부의 잘 발달된 도시들처럼 최신 인프라와 번듯한 건물이 가득한 곳이다. 예상대로 한국 음식점 또한 쉽게 찾을 수 있었다. 음식점뿐 아니라 노래방과 PC방도 있다. 투루판에서도 PC방을 봤지만 간판만 봐도 훨씬 최신식임을 짐작할 수 있었다. 이곳에서 둔황에서 먹은 것보다는 훨씬 그럴듯한 한식을 맛볼 수 있었다.

숙소에서는 여행 내내 한 번도 이용하지 못했던 인터넷에 접속할 수 있었다. 그동안 찍은 사진을 정리하며 SNS를 통해 가족, 친구들과 소식을 주고받았다. SNS의 바다에 빠져들면 중국 대륙이 주는 육중한 거리감은 온데간데없다. 가능하면 접하지 않으려고 했던 회사 소식들도 귀에 들어왔다. 내가 없어도 큰일은 없는 것 같아 다행이지만, 막상 회사일을 접하니 잠시 잊고 있던 여러 가지 사안들이 머릿속을 왔다 갔다 했다. 한국으로 돌아갈 날이 멀지도 않았으니 괜한 걱정하지 말고 잊자며 머리를 세차게 흔들어봤다.

열흘 가까이 양과 라마가 오가고 사막의 모래먼지가 날리는 불모지를 달리다 세련된 도시에 오니 금세 한 명의 도시인으로 돌아가고 만다. 잘 정돈된 깨끗한 도시를 내심 반기는 나를 돌아보면서 애초에 제대로 오지 탐험을 해보자고 마음먹었던 게 무안하기도 했지만, 인지상정이니 어쩔 도리가 없다. 아직 여행이 절반 가까이 남았으니 이 기회에 푹 쉬며 남은 여행 동안 지치지 않고 달리기로 다짐했다.

쿠얼러를 출발해 타클라마칸 사막을 통과하고 호탄을 지나 카슈가르에 도착하기까지는 사흘이 걸리는 일정이었다. 진짜 사막을 만나 별을 보고 싶은 내 욕심에 비추면 실크로드 여행의 하이라이트라고 할 수 있는 구간이었다. 내심 기대를 하며 첫발을 내디뎠지만 출발하자마자 난처한 일이 벌어지고 말았다.

쿠얼러를 지나 20킬로미터나 달렸을까. 갑자기 차에서 당장이라도 부서질 것 같은 기계 마찰음이 크게 나더니 차가 멈춰버렸다. 깜짝 놀라 다들 분주히 차에서 내려 살펴보니 엔진과 뒷바퀴를 연결하는 축이 아예 떨어져 나갔다. 실크로드의 고된 여정을 연식이 오래된 차가 견뎌내지 못한 것이다. 처음에 지프차가 아닌 스타렉스를 본 순간 들었던 걱정이 현실화되는 순간이었다. 완전히 망가진 차 뒷바퀴를 보니 이대로 여행이 끝나는 게 아닐까 하는 절망까지 들었다. 정씨에게 한마디 하고 싶은 생각도 들었지만 일단 차를 고치고 봐야 할 텐데 차내 장비로는 도저히 수리할 수 없는 상황이었다. 아예 부속이 망가져버렸으니.

무작정 지나가는 차를 세웠는데 천만다행으로 친절한 위구르 남자세 명의 도움을 받을 수 있었다. 그들은 난감해하는 우리를 보고는 마치 자기 일처럼 도와줬다. 일단 인근 마을까지 견인을 해준다며 자기들 차와 우리 차를 연결했는데 견인을 하려고 하자 차에서 엄청난 소리가 나며 아예 바퀴 자체가 굴러가지 않았다. 그런데 위구르인들은 어찌 그렇게 재주가 많은지, 남자 중 한 사람이 차 밑으로 들어가 뭔가를 철컥철컥 만지자 폭발할 것처럼 소리를 내던 차가 얌전히 견인되어 굴러가는 게 아닌가?

놀라운 일은 그게 끝이 아니었다. 위구르인들의 도움을 받아 도착한 마을에는 따로 정비소라고 할 만한 곳이 없었고 아주 허름한 철공소 비슷한 가게가 한 군데 있을 뿐이었다. 저곳에서 대체 뭘 어쩌나 걱정을 하기가 무섭게 철공소에서 나온 분이 차를 쓱 둘러보더니 없는 부품으로 땅땅 쇠를 두드려 뚝딱뚝딱 만들었는데, 튀어나온 못을 망치로 박는 것처럼 쉽게쉽게 일을 했다. 감탄하지 않을 수 없었다. 그가 사용한 방법은 아주 단순한 철공기술이었지만 차를 수리하기엔 충분하고도 남았다.

이대로 짐을 싸서 서울로 돌아갈 고민까지 하던 찰나에 기적처럼 등장한 위구르 아저씨들의 활약으로 순식간에 차가 수리되는 걸 보니 갑자기 기분이 좋아졌다. 도움을 준 위구르인들에게 고개 숙여 감사를 표한 후, 차가 완전히 고쳐지는 동안 위구르 마을 시장을 돌아보며 사진도 찍고 간식도 사먹으며 시간을 보냈다. 오색찬란한 옷을 파는 옷가게 아저씨, 얼굴에 범벅이 되어 아이스크림을 먹는 꼬마, 외국인에게 관심이 많은 할아버지…… 시장에는 많은 얼굴들이 있었다. 이들의 얼굴을 보자 어린 시절 속초시장에서 마주쳤던 상인들의 얼굴이 떠올랐다. 고된 노동과 태양과 세월이 훑고 지나간 얼굴. 나는 시장에서 구한 즉석사진기로 사진을 찍어 사람들에게 나누어줬다.

차량 수리 비용은 내가 느낀 감동에 비하면 미안할 정도로 저렴했다. 이 차가 여행 중에 다시 고장나지 않기를 바라며 차에 올랐다. 차를 수리하느라 많이 늦어지긴 했지만 일단 타클라마칸 사막 중간에 있는 타종까지 가는 게 목표다. 늦게라도 그곳에 도착하면 내가 고대하던 사막 위의 별들을 마주할 수 있을 터였다.

타클라마칸 사막은 가도 가도 모래뿐인, 말이 필요 없는 거대한 사막이었다. 위구르어로 '절대로 빠져나올 수 없는 곳'이라는 뜻이라고 하니 무시무시하다. 군데군데 사막화 확산을 막기 위해 중국 정부가 설치한 정수장만이 온 세상이 모래가 아님을 알려주는 유일한 징표였다. 정수장을 기점으로 길가에 가로수가 드문드문 자라고 있었고 정수장에 배치된 인부들이 나무에 지하수를 공급하고 있었다. 그런 노력이 다소 성공을 거두었는지 제법 초지 같은 분위기를 풍기는 곳도 있었지만, 때때로 거대한 모래 언덕 앞에 놓인 초라한 가로수가 사막을 더욱 크게 느껴지게 했다.

바깥 날씨가 너무 춥거나 덥지 않아 기후가 나쁘지 않았다면 사막에서 텐트를 치고 자는 것도 가능했겠지만 모래바람이 무척 심했다. 차창 밖에서 몰아치는 모래바람을 보며 텐트를 치고 야외에서 자보는 것은 다음 여행을 기약하기로 했다. 대신 숙소로 잡은 타종으로 향했다. 타종은 타클라마칸 사막의 한가운데 있는 작은 마을로 사막을 지나가는 사람들을 위해 만들어진 것으로 보였다. 규모는 작지만 작은 숙소를 포함해 갖가지 상점과 식당, 약국 등 있을 건 다 있었

절대로 빠져나올 수 없을 것 같은 모래사막을
보면서 인생을, 리더의 길을 생각했다.
고독하면서도 묵묵히 나아가야 한다는 것을.

다. 숙소에 짐을 풀고 잔뜩 기대를 품은 채 밖으로 나왔다. 시간은 밤 11시. 마을 가장자리까지 나가 하늘을 봤지만 날이 흐려서일까. 아니면 타종의 상점들이 내뿜는 빛 때문일까. 이제까지 봐온 밤하늘과 딱히 다를 게 없었다. 별이 쏟아지기는커녕 북두칠성 정도를 겨우 가늠할 수 있는 정도였다.

숙소로 돌아와 실망감을 달래며 생각했다. 물론 꼭 보고 싶었던 광경을 보지 못해 아쉽긴 하지만 별을 보고 못 보고가 중요한 건 아니다. 밤하늘의 별을 보는 것보다 중요한 건 이 여행을 통해 내가 가야 할 길을 발견하는 것, 내 안의 어둠 속에서 별을 찾는 것이 아니겠는가. 오늘 보지 못한 별은 내 안에서 발견하기로 마음먹고 잠을 청했다. 이 아쉬움은 3년 후 몽골 최대의 IT 솔루션 회사인 ITZone과의 협력 이벤트 후 호텔에서 자지 않고 일부러 도심에서 떨어진 곳에 있는 몽골 전통가옥(게르캠프)을 체험하면서 조금은 씻어냈다. 그때는 푸른 하늘의 나라답게 구름 한 점 없는 하늘에서 별이 한없이 쏟아졌다.

타종을 출발해 3시간 정도를 달리자 비로소 사막의 끝자락에 도달했다. 길가에 핀 벚꽃을 보니 문득문득 드는 한국 생각을 누르기 힘들었다. 목적지인 호탄을 앞두고 들른 위구르 마을에서 점심식사를 했다. 타클라마칸 사막을 벗어나면서부터 더욱 본격적으로 드러난 위구르 문화가 생경하면서도 재미있었다. 무엇보다 눈에 띄는 건 운송 수단이었다. 거대한 트럭과 승합차, 자동차부터 오토바이, 자전거까지는 여느 중국의 다른 지역과 마찬가지였지만 골목까지 들어오니 말이 끄는 수레와 당나귀처럼 지극히 전통적인 탈것들이 태연히 도로를 오가고 있었다. 오토바이와 당나귀, 자동차가 같은 도로를 지나기도 했다.

위구르인들이 생활을 들여다보면 그런 요소들을 더 찾을 수는 있겠지만, 유독 운송과 관련된 부분에 과거와 현재가 공존한다는 점이 흥미롭게 느껴졌다. 보통 다른 나라의 도시를 가서 탈것을 보면 그 도시의 경제적 상황을 대충 짐작할 수 있기 마련이다. 그런데 위구르 마을이 주는 묘한 느낌은 딱히 그 분위기를 일목요연하게 정리하기 어려운 부분이 있었다. 기원전부터 인류가 타고 다녔던 말과 산업혁명 이후 생겨난 자동차가 똑같이 각자의 기능을 수행하는 이색적인 곳. 이곳이 주는 느낌이 바로 융합, 컨버전스의 감각이 아니겠는가.

이런 인상은 호탄을 통과해 카슈가르에 도착하자 더욱 강하게 받을 수 있었다. 카슈가르는 중국 최서부에 위치한 도시다. 이제까지의 실크로드에서는 위구르 자치구 내에서도 한족 문화권이 주는 익숙한 느낌을 지우기가 어려웠는데 이곳은 완연한 이슬람 문화권이다. 특히 카슈가르는 위구르인의 정신을 상징하는 이드카흐 사원이 있는 곳이기도 하다. 이 사원은 면적이 16,000제곱미터에 달해 어마어마하게 크다.

이제까지는 동서융합의 상징적 루트였던 실크로드를 달리면서도 그 위에 덮인 강한 상업적인 색채나 한족의 흔적 때문에 서로 다른 문화가 섞이며 풍기는 이질적인 광경을 마주할 일이 별로 없었다. 중국의 서쪽 끝에 이르러서야 위구르, 인도, 불교, 한족 등 갖가지 지역별 문화와 더불어 현대와 과거가 함께 있는 공간의 분위기를 물씬 느낄 수 있었다. 합쳐질 때는 충돌이 뒤따른다고 하던가. 정씨에 따르면 이 지역은 위구르 독립운동이 가장 치열하게 벌어졌던 곳으로 수많은 희생자가 발생했다고 한다. 지금도 티베트와 함께 정치적으로 첨예한 이슈가 존재하는 곳이 카슈가르다.

차가 고장났을 때 마주친 친절과 수리소에서 경험한 단순하지만 놀라운 기술. 모든 것이 혼재되어 있는 중국 서부 지역 위구르인들의 삶과 문화. 수직으로 빌딩이 서 있는 도시의 한복판에서 하루하루를 보내면 마치 이곳이 우주의 전부인 듯 착각하게 된다. 하지만 세계로 시선을 넓혀보면 많은 것들이 동시다발적으로 일어나고 있으며, 과거와 현재, 미래는 따로 떨어져 있지 않다. 서로 다른 시공간이 부딪쳐 만들어낸 이질감이 사실은 창조의 동력이며 새로움의 시작일지 모른다.

내가 인텔코리아 직원들과 1년에 걸쳐 일대일 면담을 하며 그들의 이야기를 듣고 동시에 인텔의 비전을 강조했던 것도 같은 맥락이다. 글로벌 마인드를 가진 사람은 이 세계와 우주가 나와 동시에 움직이고 있다는 점을 항상 자각해야 한다. 인텔의 기술과 인프라를 통해 인류가 조금이라도 더 가까워지고 하나 된 삶을 누릴 수 있다는 사실을 정확히 인지한다면, 일의 방향성을 정하고 혁신적인 아이디어를 고민할 때 조금은 쉬워지지 않을까.

함께함을 고민하는 건 기업의 사회공헌 활동도 마찬가지다. 예전에 기업의 사회공헌은 여웃돈을 인심 쓰듯 가난한 이들에게 나누어주는 자선에 가까운 개념이었다. 하지만 지금은 회사의 생존을 좌지우지할 수 있는 중요하고도 핵심적인 분야가 바로 사회공헌 활동이다. 회사가 속해 있는 사회 내에서 좋은 기업이 되지 않으면 기업은 살아남을 수 없다. 환경을 보호하고 에너지를 절감하며 지역사회에 보탬이 되는 기업이 새로운 시장을 만들고 가능성을 창출할 수 있다.

인텔이 국가적인 이슈가 되고 있는 전력난 극복에 적극적으로 나서는 것도 그런 이유에서다. 여름마다 전력 위기는 반복된다. 특히 스마트폰 등 각종 기기가 만들어내는 데이터 트래픽이 급증하면서 전력 사용량이 매해 기하급수적으로 늘고 있다. 데이터센터 전력을 어떻게 효율적으로 쓰느냐가 화두가 될 수밖에 없는 상황에서, 인텔 같은 기업이 나서 전력 소비를 절감할 수 있는 서버 개선을 시도해야 하지 않겠는가.

인텔의 사회공헌 활동은 지역의 범주를 한정 짓지 않고 세계를 대상으로 할 때가 많다. 저개발 국가를 대상으로 교육에 투자하는 것이 그렇다. 인텔은 수학, 공학, 기술을 중심으로 교육시장에 상당한 투자를 하고 있다. 교육을 통해 국가가 성장해야 인텔의 최첨단 기술을 향유할 수 있는 시장도 커지는 것이다. 당장 몇 년 안에 그 성과를 보려 하기보다는 10년, 20년을 바라보고 있다. 물론 그 파이가 인텔에게만 돌아오지는 않겠지만 그야말로 지구의 발전이 인텔의 발전이라는 마인드로 접근하는 중이다.

인텔코리아는 한국정보화진흥원과 함께 최근 2년 동안 1천 대 이상의 중고 PC를 국내 정보소외 계층은 물론 몽골, 스리랑카, 파키스탄 등 저개발 국가에도 지원했다. 하이마트, 마이크로소프트와 함께 오래된 컴퓨터를 기부받아 점검한 후 기증하는 캠페인도 벌이고 있다. 보다 많은 사람이 정보에 접근할 수 있을 때 인텔이 할 수 있는 일도 많아진다.

카슈가르에서 실크로드 여행 내내 운전을 하느라 지친 운전기사를 하루 쉬게 하고 종일 관광을 하며 모처럼 길이 아닌 곳에서 여유로운 시간을 보냈다. 카슈가르는 크게 구시가지와 신시가지로 나누어져 있다. 관광지는 주로 구시가지 안에 있다. 신시가지는 지금도 시가지 확장이 진행 중인지 곳곳에서 공사가 한창이었다. 과거와 현재의 공존은 구시가지와 신시가지만 돌아봐도 찾을 수 있다. 신시가지에는 현대식 건물에 넓은 도로가 들어서 있다면 구시가지는 중세 시대를 방불케 하는 오래된 시장 골목이 방문객을 기다린다.

이 근방 최대 규모의 시장인 올드 바자르 구경에 나섰다. 귀금속부터 휴대전화까지 이곳에는 정말 없는 물건이 없어 보였다. 이곳에 있는 점포의 수만 5천 개가 넘는다고 한다. 다시 한 번 느끼지만 중국은 어디를 가도 규모가 대단하다. 이곳의 칼이 잘 들기로 유명하다며 동행하는 사람들이 칼을 샀다. 흥정을 제대로 시작하기도 전에 칼을 파는 상인이 칼날의 날카로움을 시험하다가 상처를 입는 바람에 마음이 약해져 비싼 값에 칼을 사고 말았다. 나는 칼이 아닌 위구르인들이 즐겨 쓰는 털모자를 하나 사려고 했는데, 막상 써보니 머리가 엄청나게 커 보여 포기했다.

당신이 숨 쉬는 곳 어디에도

_모두의 인텔, 모든 곳의 인텔

30분 동안의 짧지만 치열한 연습이 끝났다. 엉거주춤하게 오토바이에 오른 채, 무대로 돌진하는 내 모습을 상상하며 아드레날린이 치솟음을 느꼈다. 무면허 운전으로 오토바이를 모는 것에 대한 막연한 두려움도 있었지만 설사 무대에서 오토바이에서 굴러떨어진들 어떻겠는가. 그 또한 참여한 사람들에게 나름의 즐거움을 줄 것이다. 내 뼈에 실금이 가더라도 말이다.

2006년 어느 날, 인텔의 신제품 설명회를 기다리던 기자들은 갑자기 들려온 오토바이 소리에 깜짝 놀랐을 것이다. 제품을 설명하는 일반적인 프리젠테이션이 화면에 등장할 거라 생각했지만 무대에 나타난 건 거친 엔진음을 내뿜는 할리데이비슨이었다. 내가 무대에 등장했을 때 놀라서 입을 벌린 채 웅성웅성하던 사람들의 얼굴이 선명하다.

내가 가죽재킷을 입고 두 대의 할리데이비슨 중 한 대에 올라 설명회 현장으로 난입(?)하는 프로젝트를 기획한 것은 우선 회사가 만들어낸 인텔 듀얼코어가 가진 특성, 즉 2개의 프로세서를 가진 CPU와 두 개의 엔진을 가진 할리데이비슨이라는 오토바이의 특성이 맞아떨어지는 상징성 때문이었다. 그러나 이것보다 더 중요한 것은 평범하고 밋밋한 신제품 설명회를 선보이고 싶지 않다는 마음이었다. 나는 사장이 정장을 입고 뚜벅뚜벅 걸어나가 그다지 특별할 것도 없는 화면과 영상을 보여주면서 제품에 대해 열심히 떠들고 끝나는 행사를 원치 않았다.

2008년 인텔 센트리노 2 프로세서 기술 발표 기념 블로거 파티에서는 인텔코리아 대표 이희성보다 수상택시를 기억하는 사람이 더 많다. 이 파티는 한강 둔치 잠원지구 내에 있는 FRADIA에서 열렸다. 이 행사는 인텔에 관심을 가지고 있는 파워블로거들을 위한 파티다! 그리고 파티는 신나야 한다! 라는 게 내 지론이었다.

나는 파티를 위한 깜짝쇼를 하나 준비했는데, 파티가 열리는 한강이라는 장소의 특성을 활용한 수상택시 이벤트였다. 내가 회사에서 가방을 메고 밖으로 나와 수상택시에 올라 인텔의 끊김 없는 무선넷과 긴 배터리 수명을 보여줄 수 있도록 계속 노트북을 조작하며 사람들과 회의하고 대화하는 장면이 담긴 영상을 미리 찍어서 틀었다. 그리고 그 영상이 마치 생방송인 것처럼 나는 영상에 있는 것과 똑같은 복장으로 영상이 끝나자 헐레벌떡 행사장 안으로 들어왔다. 블로거들의 열렬한 박수가 쏟아진 것은 당연지사!

이러한 발랄한 상상들도 결국 이 프로젝트의 수혜자를 먼저 생각하는 관점에서 나온다. 괜히 튀어보려는 시도가 아니다. 신제품 설명회는 많다. 설명회에 참여하는 사람들은 자신의 귀중한 시간을 투자해 인텔을 만나러 왔다. 그런데 재미없고 뻔한 설명회가 펼쳐진다면 정말 고객을 위해 최선을 다했다고 할 수 있을까?

결국 어떠한 프로젝트를 준비하더라도 중요한 포인트는 자신이 처한 환경을 이해하는 것이다. 제품 설명회라면 그 설명회를 누가 보는가, 누구를 위한 것이어야 하는가를 원점에서부터 고민해야 한다. 나는 작은 강의 하나를 하더라도 강의를 듣는 입장에서 생각하려고 노력한다. 그 노력의 일환으로 늘 시도하는 게 내가 말하기에 앞서 청중들의 이야기를 먼저 듣는 것이다. 무엇을 듣고 싶은지 알고 그 욕구에 맞춰 이야기를 풀어나가는 게 강연을 하는 나의 기본적인 방식이다. 두 번째로 그 환경에 맞는 변화를 시도하는 것을 두려워하지 말아야 한다. 그 두 가지에 충실하면 좋은 결과가 선물처럼 찾아올 것이다. 할리데이비슨을 타고 나타난 지 8년 가까이 지났는데, 기자들을 비롯한 많은 사람들이 아직도 나를 할리데이비슨을 탄 CEO로 기억한다. 그리고 그 기억은 나와 인텔을 젊고 혁신적으로 느끼게 하는 데 많은 역할을 하고 있다.

"인텔이 왜 중요한가요?"

현실적으로 이런 질문을 나에게 던지는 사람은 거의 없겠지만, 때로는 누군가가 이런 질문을 해주길 바라는 마음도 있다. 지금의 현대 사회에서 변화의 핵심이 IT라면, 그 IT의 정점에 인텔이 있다고 표현한다면 너무 나간 것일까? 이제 어디든 컴퓨터가 존재하는 시대다. 안경, TV, 자동차, 세탁기에 컴퓨터가 들어가고 있다. 예전에는 상상도 할 수 없는 곳에 컴퓨터가 끼어들고 모든 산업에 컴퓨터가 관여하면서 컴퓨터가 중심이 된 산업의 융화가 일어날 것이다.

이런 컴퓨팅에는 항상 통신이 동반되기 마련이다. 컴퓨터, 스마트폰, 태블릿 PC, ATM, 디지털사인, 자동차 등등 모든 것이 인터넷을 통해 연결되어 있다. 이 인터넷은 데이터센터로 연결되고, 서버는 이 모든 정보를 받아들이고 내보내는 역할을 수행한다. 우리가 IT를 경험할 때 이를 가능하게 하는 핵심은 서버와 컴퓨터라는 뜻이다.

인텔은 바로 이 서버와 컴퓨터에 들어가는 칩의 90% 이상을 생산하고 있다. 애플과 구글, 페이스북 등 전 세계인들이 대부분 알고 있는 인터넷 서비스는 전부 인텔 기반 서버 위에서 운영되고 있고, 인텔의 기술이 없다면 구글이나 아마존 등의 클라우드 서비스는 이루어질 수가 없다. 인텔이 없으면 인터넷을 할 수 없고, 반대로 말하면 사람들이 가지고 다니는 디바이스 어딘가에는 반드시 인텔이 있다. 인텔이 전 세계 사람들은 연결해주면서 인류의 삶을 개선시키고 있는 것이다. 구글이나 시스코 같은 기업이 입는 디바이스, 사물인터넷 등에 집중하면서 스마트폰이나 태블릿 PC를 넘어 냉장고나 세탁기와 같은 기계들도 지능을 갖는 시대가 도래하고 있다. 특히 생각하는 자동차, 스마트카의 중요성이 점점 커질 것으로 예상한다. 컴퓨팅은 점차 늘어나고 있고 그럴수록 자연스럽게 인텔의 영향력은 커질 것이다. 글로벌 IT 리더를 꿈꾸는 입장에서 인텔에 매력을 느끼는 건 당연한 일이 아니겠는가.

특히 인텔과 같은 IT기업들은 평범한 일상 속에 새로운 가능성들을 선물한다는 점에서 남다른 장점이 있다. 무엇을 결론지어 만들어주는 게 아니라, 뭐든 할 수 있는 환경과 인프라를 깔아주고 거기서 편하고 재미있게 즐기자는 것이다.

인기 예능프로그램 〈라디오 스타〉에 출연해 화제가 되었던 송호준

씨도 인텔코리아와 인연이 있다. 그가 화제가 된 이유는 2012년에 세계 최초로 개인 인공위성을 쏘아 올렸기 때문인데, 그 작업을 지원한 프로그램이 인텔이 진행한 '크리에이터 프로젝트'였다. 창의적인 예술 활동을 지원하는 인텔의 노력이다.

인텔코리아가 만든 갈릴레오 보드도 비슷한 맥락에서 대학과 특성화 고등학교에 보급되었다. 갈릴레오 보드는 오픈형 컴퓨터 보드라고 보면 된다. 예전 표현으로 하면 문방구에서 학교 준비물용으로 파는 만들기 세트 같은 개념이다. 간단한 PC, 통신기기를 만들 수 있는 세트다. 이걸 활용하면 스마트폰으로 조명을 제어하거나 실내 CCTV를 조작하는 등 다양한 형태의 정보통신기기를 직접 만들 수 있다. 청년과 학생들이 이것을 만지작거리다 보면 재미있고 신선한 아마추어 제품이 쏟아져 나올 것이다. 이렇게 멍석을 깔아주는 일은 그 결과에 대한 상상만으로도 늘 즐겁고, 인텔은 이런 기회를 마련하는 것에 인색하지 않다.

그리고 단순히 인텔이라는 기업이 갖는 외향적 가치만이 나를 지금까지 인텔맨으로 남아 있게 만들지는 않았을 것이다. 무엇보다 인텔이 가진 문화적 코드와 내가 정확히 맞아떨어졌다는 점을 빼놓을 수 없다. 이곳은 상사의 눈치를 볼 필요도 없었고 철저히 성과에 따라 개인을 공정하게 평가했고 그에 따른 대우를 해주었다. 직급 사이에 경험의 차이에 따른 존중은 존재했지만 계급이 나뉜 것 같은 권위나 차별은 찾기 어려웠다.

나는 무엇보다 수평적 분위기 안에서 문제를 미연에 차단하는 인텔의 시스템이 갖는 합리성에 깊이 동화됐다. 44년 전 미국 산타클라라에서 벤처기업으로 탄생한 인텔은 벤처 특유의 문화를 유지하고 있다. 인텔의 창업자 밥 노이스는 인텔을 일컬어 "같은 흥미를 가진 사람들의 커뮤니티"라고 했다. 커뮤니티라는 말 자체가 누구나 자신의 생각을 자유롭게 게재할 수 있는 수평적인 구조를 뜻한다.

인텔코리아는 이러한 인텔의 문화를 그대로 가져왔다. 회사의 일원이라면 누구나 발언권을 가진다는 점에서 인텔코리아의 기업문화는 '오픈'이다. 인텔코리아에는 따로 사장실이 없이 모든 직원이 똑같은 구조에서 일하고, 임원을 위한 주차장을 따로 두지 않는 것도 권위를 없애고 동등한 입장에서 회사의 문제를 고민하자는 마인드에서 나온 발상이다. 수직적인 구조에서 절대 권력자가 판단해 문제를 판별하면 문제가 빠르게 해결되겠지만, 그의 눈에 문제가 발견되지 않는다면 누구도 발언하지 않기 때문에 문제는 점점 커질 수밖에 없다. 수평적 구조는 모두의 의견이 존중되어야 한다는 점에서 비효율적일 것 같지만, 실제로는 작은 문제에 대해서도 적극적이고 투명한 발언을 가능하게 해 작은 불씨가 큰불로 번지는 것을 막을 수 있다.

인텔에서 함께할 인재들 중에 내가 좋아하는 인재는 끼가 있는 인재다. 그런 인재가 분위기를 흐트러뜨린다고 걱정하는 사람도 있다. 팀워크는 성격이 튀는 사람 때문에 깨지는 것이 아니라 서로가 다름과 차이를 인정하지 않을 때 깨진다. 그런 인재를 인정하고 일을 잘할 수 있게 도와주면 다양성 속에서 혁신적인 힘이 생길 수 있다.

그런 인재들이 도와준 덕분일까? 인텔코리아는 2011년 'IT 솔루션' 부문에서 처음 1위에 선정된 이래 4년 연속 1위를 차지하고 있다. 또 2014년에는 '한국에서 가장 존경받는 기업'에 참여한 전체 산업군의 모든 기업 중 30개 기업만 선정하는 'All Star 2014'에 최초로 선정됐다. 처음에 IT 분야에서 1위를 했을 때, IT를 넘어 전체 기업 중에 30등 안에 들어보자는 목표를 세웠는데 4년 만에 꿈을 이룬 셈이다. 30개 기업 중 외국계 기업은 3개뿐인데 그중 하나가 인텔코리아라고 하니 자랑스러울 뿐이다.

어디로 갈 것인가

_대협곡의 감동

　　카슈가르를 지나오면서 겪은 작은 소동 때문에 동행하는 사람들의 심기가 영 불편해 보였다. 소매치기를 조심하라는 경고를 받긴 했지만 시장을 오가는 혼잡통에 한 사람이 휴대전화를 도둑맞은 것이다. 그 때부터 여행에 지친 기미를 보이던 두 사람은 결국 카슈가르를 끝으로 더 이상 여행을 계속하지 않고 바로 한국으로 돌아가겠다는 의사를 밝혔다. 애초부터 나만 움직였으면 몰라도 갑자기 일행 둘이 줄어든다니 못내 섭섭한 마음이 들었지만, 어차피 정식 일정도 사흘밖에 남지 않은지라 굳이 만류하지는 못했다.

　　중국 서쪽 끝에서 다시 내륙으로 들어가 한참을 달려야 했기에 갈 길은 멀었다. 얼추 계산해보니 북경행 비행기를 타기까지는 차로 1500킬로미터를 달려야 했다. 시작부터 털털털 소리를 내며 힘들어하던 스타렉스가 걱정됐다. 이 여행이 끝나면 폐차장으로 가야 하지 않을까 싶을 정도였다.

카슈가르에서 남은 일정을 포기한 사람들이 현명했던 걸까? 몇 가지 악재가 잇달아 벌어졌다. 일단 서부 실크로드 확장공사로 내가 가는 길의 대부분이 공사 중이었다. 우회도로를 찾아 가느라 적지 않은 시간이 지체됐다. 중국 서부 지역의 대부분은 모두 고속도로 공사 중인 탓에 여느 관광지보다 많이 본 게 고속도로 공사 현장이다. 이번 여행의 업무가 신 실크로드 공사 현장 순회였다면 일을 제대로 한 셈이었을 것이다.

일정을 맞추느라 과속으로 정신없이 달리면서 간신히 우루무치로 가는 중간에 있는 쿠처에 들러 무엇을 돌아볼 새도 없이 잠이 들고, 아침에는 식사도 못한 채 정신없이 출발해야 했다. 점심은 컵라면으로 때우며 달렸다. 사람이 셋으로 줄어서인지 뭔가 분위기도 더 무거워진 느낌이었다.

원래 계획은 쿠처에서 가까운 키질 석굴, 천불동을 방문하려고 했다. 천불동은 이곳에만 있는 게 아니라 불상이 많은 곳을 뜻하는 보통명사다. 둔황에서 서쳐온 막고굴도 천불동에 속한다. 키질 석굴은 숫자를 헤아리는 게 무색한 엄청난 규모의 중국 문화재 중 하나다. 확인된 굴만 200개가 넘고 앞으로 발굴할 굴이 300개 넘게 남았다니 막고굴 못지않은 규모다.

가는 길이 멀기도 하고 입장료가 비싸 머뭇거리는 정씨에게 우겨 천불동을 꼭 보고 갈 생각이었는데, 뜻밖에도 해당 코스로 가는 도로가 공사로 아예 폐쇄되었다는 소식을 접했다. 더불어 바인부루커 초원을 통과해 우루무치로 향하는 도로 역시 통제되어 우회도로로 돌아가야 한다는 어처구니없는 통보를 받았다.

바인부루커 초원의 몽고 전통가옥에서 하룻밤을 보낼 작정이었던 내 계획은 또 물 건너갔다. 그렇게 과한 욕심도 아니었던 것 같은데 야외에서 하룻밤 자는 일이 왜 이렇게 어려운지 모를 일이다. 바인부루커 초원은 알프스를 떠올리게 할 정도로 아름다운 설산 사이에 깨끗한 호수와 평화로운 초원이 펼쳐져 요즘 말로 '힐링'하기에 최적의 장소다. 여행자들이 게스트하우스처럼 이용할 수 있는 텐트가 있다는 이야기를 들어 꼭 그곳에서 자리라 벼르고 있던 차였다. 역시 다음 기회를 기약하는 수밖에. 앞서 말했듯 이 소원은 사업차 방문한 몽골에서 풀 수 있었다.

우울한 마음을 중국의 그랜드캐니언이라 불리는 대협곡이 달래줬다. '천산신비대협곡'이라 불리는 이곳은 방문하는 누구라도 감탄해마지않을 최고의 자연유적지이다. 대협곡을 처음 보는 게 아닐 정씨역시 펼쳐진 광경에 눈을 떼지 못했다. 그 웅장함은 어떤 사진이나 그림, 글로도 표현하기 어려울 것이다. 실크로드 여행기를 적으며 늘 부족하다고 느꼈던 필력이 대협곡을 설명하는 부분에서는 한층 더 막혀버리는 기분이다. 아쉬운 마음에 열심히 셔터를 눌렀지만 새로 산 성능 좋은 카메라로도 대협곡의 풍광을 온전히 담아내기란 역부족이었다. 차라리 눈을 감고 그 광경을 떠올리는 게 가장 생생히 대협곡의감동을 떠올리는 방법이다. 트레킹 장소로도 유명하다니 다음번에는직접 발로 협곡을 지나쳐보고 싶은 마음이 간절하다.

대협곡을 지나 한참 달리던 차에 마지막 위기가 찾아왔다. 자동차차체가 갑자기 덜컹덜컹 엄청 흔들리기 시작했다. 반쯤 졸다 깜짝 놀라 소리쳐 차를 세웠다. 차를 살펴보니 이번에는 바퀴가 말썽이었다. 오른쪽 뒷바퀴 축을 지탱하는 나사 4개 중 3개가 부러져나가고 나사하나가 간신히 바퀴를 감당하고 있었다. 아찔했다. 만약 저 나사마저날아가 달리는 중간에 바퀴가 빠져버렸다면…… 낡은 차 덕분에 골치를 썩인 게 이번이 처음도 아니고 나는 이 불안한 차를 타고 더 여행을 할 자신이 없어졌다. 게다가 수리업체와 이런저런 전화통화를 해보니 차 견인을 하고 수리를 하는 시간을 감안하면 오늘 하루 역시 날아가게 생겼다.

"사장님, 정말 죄송합니다. 어떻게 하시겠어요?"

"내일모레면 서울로 돌아가야 하는데…… 여기서 더 기다리긴 힘들
겠어요."

"알겠습니다. 그러면 여기서 픽업해 쿠처로 돌아가 비행기를 타고
우루무치로 바로 가시죠. 우루무치에 있는 친구에서 숙소 마련과 비
행기 픽업을 부탁하겠습니다."

결국 정씨와는 도로 한복판에서 작별하기로 했다. 제대로 인사도
못하고 헤어진다는 게 아쉬웠지만, 어쩐지 실크로드 여행의 작별답
다는 생각도 들었다. 운전기사와 함께 지나가는 차를 잡아타고 쿠처
로 돌아왔다. 쿠처에 도착해 공항으로 가야 하는데, 가이드가 없으니
손짓발짓을 동원할 수밖에 없었다. 뜻밖에도 비행기는 정식 항공기가
아니라 쌍발 프로펠러였다. 아주 예전에 회사일로 김포와 속초를 오
갈 때 한번 타보고 정말 오랜만이었다. 그때는 기체가 흔들려 이번에
도 그러면 어쩌나 걱정했는데 안정적으로 잘 날아가 우루무치에 도착
했다.

우루무치 비행장에 도착하니 정씨의 연락을 받은 민박집 주인이
기다리고 있었다. 중국에서 민박집을 열어놓고 있는 한국인 신혼부

부다. 민박집에서 정말 오랜만에 제대로 된 한국 음식을 맛보며 이런 저런 대화를 나눴다. 잠자리에 누워 마지막 하루는 우루무치 인근을 관광한 후 북경행 비행기를 타고 돌아갈 계획을 세웠다.

여행 막판에 예측 불허의 사건들이 잇달아 벌어지며 여행이 어쩐지 흐지부지하게 마무리되는 느낌이 없지 않지만, 기승전결이 딱 떨어지지 않는 게 인생이듯 여행 또한 그렇지 않나 싶다. 확대해서 생각하면 회사일 또한 그런 경우가 많다. 비즈니스 자체는 명확해야겠지만 그 과정은 예측하지 못한 갖가지 변수로 인해 전혀 다른 방향으로 흘러가는 경우가 대부분이다.

상황이 복잡하게 전개될 때 리더의 역할은 더욱 중요해진다. 문제 해결 능력이야말로 리더가 가장 적극적이고 능동적으로 발휘해야 할 분야에 속한다. 나의 경우 문제 해결은 해결할 수 있는 것과 해결할 수 없는 것을 구분하는 데서 시작한다. 그러기 위해서는 사실 내가 어느 정도의 역량을 가지고 있는가에 대한 정확한 판단이 있어야 한다. 문제는 외부에 있지만 그 문제를 바라볼 때는 나 자신에 대한 이해가 핵심인 것이다. 그래서 그 문제가 내가 고민할 일인지 판단할 수 있는 지혜를 갖추고 있을 때 문제 해결의 고된 과정이 주는 스트레스도 줄어든다.

내가 해결할 수 없는 일인데 어떻게든 해결하려고 온 힘을 기울이다 실패하면 문제도 해결 안 될뿐더러 자신이 입을 내상이 만만치 않다. 자신의 범주에 들어오지 않는 문제일 경우 나 대신 해결해줄 수 있는 다른 사람이나 조직을 찾고, 그 조직과의 소통을 고민하는 것이 현명한 방법이다.

그래서 나는 성공한 사람들은 대부분 이기주의자라고 생각한다. 자신이 할 수 없는 일에 대해서는 때로는 무책임할 정도로 떠넘길 수 있을 때 자신의 일에 집중할 수 있다. 일과 가정의 문제도 그렇다. 부끄러운 일이지만 나는 집안일에 대해서는 완벽할 정도로 무지하다. 집을 계약하는 일같이 제법 큰일도 모두 아내에게 넘기고, 집에 들어가면 그저 완전히 휴식을 취할 뿐이다. 가장이면서 아버지, 남편의 책임을 다하지 못한다는 미안함이 들 때도 있지만 일과 가정 모두를 챙길 능력이 나에게는 없다. 결혼하면서부터 그 판단을 하고 지금까지 달려왔으니 가족 입장에서 내 점수는 0점에 가까울 것이다. 그렇지만 포기할 수밖에 없었다.

나 자신이 해결할 수 있는 일이라는 판단이 설 때는 어디서부터 고민을 시작해야 할까? 가장 먼저 문제와 관련한 모든 정보와 소통의 창구를 투명하게 하는 것에 온 역량을 집중해야 한다. 자신의 권한 내에서 이를 구조적으로 가능하게 하는 시스템을 구축하는 것도 고려해볼 수 있다. 인텔에는 문제 해결을 위해 모든 것을 터놓고 명백하게 원인과 해결방안을 밝혀내는 문화가 존재한다.

아주 사소한 부분부터 솔직히 말하고 책임을 인정하는 분위기가 있을 때 문제를 조기에 수습할 수 있다. 그러나 많은 경우 책임의 당사자가 그것을 자신의 오류로 제대로 인지하지 못하거나 책임 소재를 다른 곳으로 돌리는 탓에 문제가 말기 암처럼 불어나게 된다. 때문에 이를 조직적으로 통제할 수 있는 시스템을 만드는 노력과 시간을 아깝게 여겨서는 안 된다. 더불어 문제 해결을 고민할 때는 문제가 재발하지 않게 하기 위한 사후 조치까지 같이 생각하는 습관을 들이는 것이 좋다.

때로는 내부의 누군가가 아니라 고객이 우리에게 문제 해결을 요구하는 경우도 있다. 만약 어떤 고객이 인텔의 의사결정이 너무 늦어 비즈니스에 부정적인 영향을 준다는 피드백을 줬다면, 이를 기꺼이 받아들이고 부족한 부분을 보완하는 과정을 새로운 비즈니스로 연결시켜 대화를 지속할 것이다. 외부에서든 내부에서든, 중요한 건 항상 귀를 열고 소통하려는 의지를 보이는 태도다.

나는 이러한 태도가 사내의 갖가지 갈등을 해결하는 힘으로까지 연결된다고 믿는다. 회사일도 사람이 하는 일인 만큼, 원활한 업무 진행을 위해서는 사람 사이의 갈등을 풀어내는 게 무엇보다 중요하다. 인간관계 역시 환경 조성부터 시작해야 한다. 서로가 마음을 터놓고 말할 수 있는 상황이 되고 상대방 입장을 명확히 이해하면 갈등을 줄일 수 있다.

대부분의 사람들이 보통은 그런 노력을 기울이고 싶어하지 않는다. 어둡고 힘든 이야기를 굳이 바깥으로 꺼내고 싶지 않은 까닭이다. 그리고 어떤 문제가 발생하면 문제를 해결하려고 노력하지 않고 문제와 관련이 있는 사람이나, 더 심각하게는 문제를 제기한 사람을 비난하기도 한다. 이런 상황이 벌어진다면 리더는 자신의 리더십에 대해 심각하게 돌아봐야 한다.

인텔코리아의 CEO로 있으면서 이런 일을 겪은 적이 있다. 한번은 어떤 프로젝트의 리더로 A라는 인물을 임명하고 일을 진행하는데, 이상하게 A와 함께 일하는 사람들이 그에 대해 자꾸 좋지 않은 평가를 했다. A에 대해 내가 알고 있는 것과는 다른 이야기들이었다. 내가 아는 A는 친화력도 뛰어나고 직위에 상관없이 다른 사람과 적극적인 대화를 시도하는 스타일이었다. 그런데 A의 지시를 받는 사람들은 그를 꽉 막히고 독단적인 사람으로 생각하는 눈치였다.

처음에는 내가 A의 진면목을 잘못 본 것일까 싶었지만, 사안을 천

천히 짚어보니 이유가 따로 있었다. A와 함께 일하는 사람 중에 B가 있었는데, 그는 A가 자신을 제치고 프로젝트의 리더가 된 것에 불만을 품고 있었다. A에 비하면 부서의 구성원들과 오랫동안 관계를 맺어왔던 B는 자신이 주도하여 의도적으로 A를 따돌리고 있었던 것이다.

이 상황에서 단순히 A가 무능하다거나 B가 삐뚤어졌다고 생각하면 일은 쉽게 풀리지 않는다. A가 리더십을 발휘하는 데 어려움을 겪는 것이나 B가 자기 나름의 반항을 하는 데는 다 이유가 있는 것이다. 나는 A가 이 상황을 스스로 해결할 수 있는 시간을 주고 싶었다. A를 불러 아랫사람들에게 지금 본인이 겪는 어려움에 대해 솔직히 토로하고 대화를 통해 문제를 풀어갈 것을 당부했다.

내 조언을 들은 후 A는 나름의 노력을 기울였을 것으로 본다. 그러나 6개월 후에도 A가 속한 팀의 분위기는 거의 나아지지 않았다. 나는 다시 A에게 포기하지 말고 또 소통을 시도해보라고 말했다. 그렇게 문제가 벌어지고 1년이 지났지만 해결은 요원했다. 여전히 A는 사람들의 신뢰를 얻지 못하고 있었고, 그만큼 프로젝트의 진행 속도도 더뎠다.

나는 직접 부서 사람들과 일일이 대화를 한 후에 여전히 B가 갖고 있는 불만이 해결되지 않았다는 것을 알게 되었다. 그리고 B가 원하

인간관계 역시 환경 조성부터 시작해야 한다.
서로가 마음을 터놓고 말할 수 있는 상황이 되고
상대방 입장을 명확히 이해하면 갈등을 줄일 수 있다.

는 위치에 가지 못한 것이 핵심이라면, 그런 역할을 할 수 있는 기회를 줘야겠다는 결론에 도달했다. 문제의 핵심은 B가 생각하는 자신의 역량과 나의 판단이 어긋난 것에 있었기 때문이다. 나는 B에게 A 못지않은 권한을 부여하고 6개월을 흘려보냈다.

6개월 후, B는 자신이 생각했던 것만큼 성과를 낼 수 있었을까? 그는 그렇게 하지 못했다. 내가 생각했던 대로 그는 아직 A만큼의 능력을 갖추지 못했던 것이다. 그제야 B는 자신에게 적합한 위치에 대해 깨달을 수 있었고 더 이상 A와 충돌하지 않았다.

내가 처음부터 나서 B를 내보내버렸다면 어땠을까? 문제는 금방 해결됐을지 모르지만 그 이상의 발전은 기대하기 어려웠을 것이다. 1년 6개월간의 과정을 통해 A는 자신이 반대자를 끌어안을 만한 포용력이 부족하다는 점을 깨닫고 구성원들에게 더 적극적인 스킨십을 시도하는 사람으로 진화했다. B는 역량의 한계를 스스로 깨닫고 자신이 갖고 있던 야심에 도달할 수 있는 능력을 키우기 위해 낮은 위치에서 더 노력하며 기다리는 사람이 되었다.

결국 회사 내 갈등과 문제 해결에서는 당사자들의 자세나 태도를 문제 삼아 비난하기보다는 문제 자체를 바라보고 그들 스스로가 능동적으로 사고할 수 있는 기회들을 제공할 수 있어야 한다. 이런 것들은 문제의 중심에 있는 사람들이 직접 나서서 해결하기는 쉽지 않다. 바깥에서 시스템을 조정하고 분위기를 주도할 수 있는 위치에 있는 리더가 그들을 도와주어야 한다.

존경받지 못하는 리더

_리더십 피드백

나는 모든 리더가 자신의 리더십에 대해 객관적인 평가를 받길 원한다고 믿는다. 평가가 좋든 좋지 않든 말이다. 그러나 안타깝게도 높은 자리에 있을수록 적절한 평가를 받을 기회는 줄어들 수밖에 없다. 그런 일상이 오랜 기간 반복되다 보면 평가를 받는 방법 자체를 잃어버리고 만다.

상사의 눈앞에서 당당히 직언하는 용기 있는 직원은 어지간해서는 잘 나오지 않는다. 모든 문제가 그렇듯이 시스템으로 해결하는 것이 합리적이다. 몇 년 전까지만 해도 스스로가 그럭저럭 괜찮은 리더라는 착각(?) 속에 살던 내가 나의 리더십에 대해 돌아보게 된 계기도 여기에 있었다.

인텔에서는 내 바로 밑에 있는 스태프 서너 명이 익명으로 여러 가지 항목에 점수를 매기는 식으로 1년에 2번씩 나를 평가한다. 리더십 피드백이다. 이 평가는 인텔의 모든 회사에서 실시돼 결과를 집계한 후 모두가 볼 수 있게 발표를 한다. 그런데 최근에 나와 비슷한 위치의 사장들에 비해 내 점수가 좋지 않았다. 2011년 첫 번째 평가는 나쁘지 않았다. 그런데 2011년의 두 번째 평가에서는 20% 정도 감소했다. 2012년에는 더욱 낮아져 몇몇 항목의 경우는 거의 40~50%가 떨어졌다. 나 자신이 무척 실망스러웠다.

이 결과가 실질적으로 어떤 물리력을 갖는 건 아니다. 그저 '네 리더십이 이러니까 참고해봐' 정도다. 그렇기에 웃어넘길 수도 있었지만 나는 이 결과를 심각하게 받아들이기로 했다.

여러 가지 생각을 했다. 사람 마음이 핑곗거리부터 찾기 마련이라 미국, 유럽과 아시아의 사고방식은 좀 다르지 않을까 싶기도 했다. 서양인의 관점에서는 '보통'을 좋지 않은 평가로 보고 '우수'나 '최우수'가 되어야 긍정적인 피드백으로 본다. 반면 우리나라는 사람들이 '보통' 정도만 되어도 '무난하다'는 식으로 해석해 딱 잡아 결정하기 어려울 때는 중간을 많이 선택하지 않는가. 그래서 상대적으로 내가 유럽의

CEO들보다 불리하지 않을까 하는 생각도 했다. 또 6개월마다 점수 편차가 워낙 컸다는 점도 의아했다. 내가 6개월 단위로 그렇게 다르게 행동하지는 않았을 텐데 그때그때 감정적으로 좋지 않았던 부분이 표현되어버렸을 수도 있다.

그러나 이런 요소를 감안하더라도 가장 가까이 있는 직원들이 나를 적극적으로 긍정하지 않는다는 점은 확실한 사실이었다. 또 아이러니하게도 나를 평가한 스태프들이 아닌 일반 직원들이 회사를 평가한 통계도 있었는데 세계 각지에 있는 인텔 중에 인텔코리아에 대한 평가가 가장 좋은 게 아닌가? 나는 웃을 수도 울 수도 없을 지경이었다.

내 결론은 내가 나름대로 회사는 잘 이끌고 있지만 가까이 있는 사람들과 진심으로 소통하지 못하고 있다는 거였다. 더 많은 사람을 이끌게 될수록 좋은 리더십이 요구된다. 비즈니스 규모가 커지면 커질수록 큰 책임과 많은 관심을 받는 건 당연한 일이다. 그렇기에 더욱 준비하고 매일같이 혁신한다는 마음으로 도전해야 한다. 내 방식대로 밀어붙이기에 바빠 정말 필요한 리더의 역할에 대해 잘 준비하지 못했다는 후회가 들었다.

그러자 이 문제를 지금 해결하지 않으면 나의 불통이 핵심 스태프들을 넘어 인텔코리아 전체로 확산될 수 있다는 걱정이 찾아왔다. 나는 능력 있는 리더일지 몰라도 존경받는 리더는 아니었던 걸까. 이건 단순히 내가 뭇 사람들이 우러러보는 훌륭한 인물이 되고 싶어서 든 생각이 아니었다. 리더가 받는 존경의 유무는 회사의 경쟁력과 직결될 수 있는 부분이다.

내가 처음 인텔코리아 사장이 되었을 때 인텔이 강조한 리더십은 구성원 간의 원활한 소통 속에 다양한 의견을 수렴해서 판단을 하는 방식이었다. 가능한 한 모든 사람을 참여시켜 대화하는 스타일인데, 민주적이긴 했지만 시간이 너무 많이 걸린다는 단점이 있었다. 그래도 예전에는 시장이 급격하게 변화하지 않았기 때문에 괜찮았다.

그러나 스마트폰 시대가 도래하면서 시장은 엄청나게 빠르게 변하기 시작했다. 지금은 속도와 추진력을 강조하는 리더십이 핵심이다. 당연히 인텔이 생각하는 리더십도 변했다. 모든 정보를 가지고 결론을 내리면 너무 늦다. 하나만 보고도 열을 알 수 있는 직관이 있어야 하며 차라리 빨리 실패하는 게 늦은 시도보다 낫다는 것이다.

이는 기업 환경에 맞춘 변화다. 스마트폰이 2~3개월마다 등장하니 몇 년에 걸쳐 제품을 만들 수가 없다. 6개월마다 신제품을 내놓을 수 있어야 고객의 욕구를 충족시키게 된 것이다. 이런 환경에서는 예정된 성공보다는 혁신적 도약만이 이 속도를 따라잡을 수 있다. 리더십이 강조되었고, 일반적인 성장이 아닌 예술가적인 혁명과 창조적 아이디어가 리더에게 요구되었다.

문제는 시장이 변했다고 해서 인간 또한 똑같이 이것을 따라가지는 않는다는 점이다. 모든 사람은 자신의 의견이 관철되기를 원하며 중요한 의사결정에 동참하고 싶어한다. 소수의 판단하에 이루어진 성공은 설사 그것이 올바른 것이었다 하더라도 다수의 공감과 지지를 얻기 어렵다. 이 괴리가 만드는 간격을 메우고 조직을 하나로 이끌어가는 게 바로 리더의 역할이 아니겠는가.

나는 이 임무를 잘 수행하고 있었던 걸까? 리더십 피드백을 받고 나 스스로에 대해 곰곰이 생각해본 결과 그렇지 않다는 결론이 나왔다. 이제까지 나의 리더십 스타일을 돌이켜보면, 나는 조직을 돌격대장처럼 이끌어왔다. 언제나 완벽하진 않았지만 나는 스스로 상황을 바라보는 인사이트, 통찰력을 지니고 있다고 자평한다. 목표가 생기면 왜 그 목표로 가야 하고 어떻게 가야 할지에 대한 판단을 본능적으로 하는 것이다. 이런 성향은 어떤 프로젝트를 직접적으로 이끌어가 성공과 실패까지 어떻게든 명백하게 도달해야 하는 매니저 위치에서는 바람직할지 모른다. 혹은 갖가지 방법을 동원해 몸집을 불려야하는 초창기 조직에도 적합할 수 있다.

그렇지만 인텔은? 그리고 나의 위치는? 7~8만 명이었던 인텔의 규모는 이제 10만 명을 넘어섰다. 한국에서 나와 관련되어 인텔을 위해 일하는 사람도 수백 수천 명에 달한다. 이중에 실질적인 프로젝트를 맡아 사업을 성공적으로 수행할 능력을 갖춘 사람들은 충분하다. 나의 역할은 이들이 함께 갈 수 있도록 이끌어가는 것이다. 더불어 리더는 당장의 목표도 중요하지만 앞으로 몇 년 후를 고민하는 사람이다. 몇 년 후에도 별다를 게 없는 현상 유지가 아니라 두 배, 세 배의 변화와 발전을 원하기 마련이다. 그 긴 과정과 변화를 사람들과 함께 가려면 마음을 움직여야 한다.

다시 말해 매니저는 이끌어나가는 게 핵심이라면 리더는 스스로 움직이도록 해야 한다. 경험이 많고 뛰어난 사람이 가진 직관과 통찰이라는 건 분명히 있다. 그러나 그것을 이해 못하는 사람들이 집단 안에 분명히 존재한다. 리더는 먼 곳을 보고 가되, 아직 멀리 보지 못하는 사람들을 배려하고 참여시켜야 한다.

이전에 내가 가진 리더십으로 눈앞의 목표에는 도달할 수 있었지만 그 너머의 이상과 꿈을 공유하기는 역부족이었다. 내가 이 사실을 진심으로 깨달은 지는 몇 년 되지 않는다. 그나마 리더십 피드백이 아니었다면 몰랐을 것이다.

나는 바쁜 일들을 제쳐두고 무작정 직원들과 대화부터 시작했다. 인텔코리아의 모든 직원과 일대일로 만나 내가 생각하는 인텔의 비전을 설명하고 개인사를 나누며 교감하려 했다. 그러면서 내가 직원들과 소통하고 싶으니 도와달라는 이야기를 솔직하게 했다. 어떤 사람은 이런 나를 낯설어하기도 했고 어떤 사람은 적극적으로 내가 할 행동에 대해 조언해주기도 했다. 그런 과정을 거치면서 처음에는 서툴 었지만 점차 무슨 이야기를 나누는 게 그들에게 도움이 되고 내가 어떻게 하면 직원들에게 신뢰를 줄 수 있을지 감이 잡혔다. 이렇게 하는데 꼬박 1년이 걸렸다.

일대일 면담이 끝날 때쯤에는 모든 직원이 내가 생각하는 인텔의 비전을 알게 되었다. 그 비전은 대단한 것이라기보다는 인텔이 전체 인류를 위한 방향으로 나아가려 한다는, 어떻게 보면 추상적이고 막연한 이야기들일 수 있다. 그렇지만 나는 그 비전의 직접적인 뜻보다 인텔의 비전을 알리려는 나의 노력을 직원들이 알아줬다는 점에 의미를 부여하고 싶다.

그런 노력이 결실을 맺어서일까. 다행히 2012년 두 번째 평가는 전체 평균을 넘어섰고, 그다음 평가에서는 대부분의 평가가 GOOD 이상이었다. 물론 그것이 전부가 아니라는 사실도 알고 있다. 계속 노력하고 변화해야 할 것이다.

좋은 리더가 되고 싶다면 항상 자신을 비출 수 있는 거울을 구조적으로 마련해두라. 그것이 결국 나의 진화와 생존을 돕는 결정적 도구가 될 것이다.

실크로드여, 안녕

_우루무치와 톈산 천지

아침에 일어나자마자 택시 한 대를 잡아 우루무치 근방의 톈산 천지로 향했다. 근방이라고 하지만 115킬로미터 떨어진 곳이다. 중국 기준으로 보자면 근처는 근처다. 이곳에 백두산 천지를 닮은 분화구형 천지가 있다는 건 여행 전부터 알고 있었지만 실제 올라가보는 일은 여건에 맞춰 판단할 계획이었다. 마침 하루가 비었으니 산꼭대기에 올라가 맑은 물을 바라보며 여행을 마무리하는 것도 괜찮지 싶었다.

가는 길에 정씨가 걱정돼 전화를 해보니 차를 잘 고치고 투루판으로 향하는 고속도로를 타고 돌아가고 있다는 답이 돌아왔다. 어쨌든 그로서도 하루 일찍 일정을 마치고 돌아가 쉬게 되었으니 좋은 일이다. 카슈가르에서 헤어진 두 사람도 지금쯤이면 한국에 도착했거나 거의 다 갔을 터이다. 나만 잘 마무리하면 된다.

톈산 천지 부근에 도착하니 비수기인데도 관광객들이 제법 북적였다. 정상으로 케이블카나 버스를 타면 쉽게 올라갈 수 있지만 나는 산 중턱부터 시작되는 등산로를 따라 1,200미터 정도를 걸어 올라가기로 했다. 오후 4시 반에 우루무치에서 일정이 있다는 택시 기사는 케이블카를 놔두고 걸어 올라가겠다는 나의 말에 힘이 넘치냐는 표정으로 시간 맞춰 돌아와줄 것을 부탁했다.

천지의 물이 흘러내리는 계곡을 따라 등산로가 조성되어 있었다. 날씨가 무척 좋아 쾌적하게 산에 올랐다. 무리하지 않고 천천히 오르며 사진을 찍었다. 산 중턱에 작은 천지가 있었는데 짙은 녹색의 물빛이 매력적이었다. 등산로는 천지에서 소천지까지 이어지는 긴 물줄기를 따라 대체로 잘 정비되어 있었다. 한국인 관광객이 많은지 안내문이 중국어, 영어, 한국어로 되어 있었던 게 기억에 남는다.

2시간 남짓 걸렸을까? 마침내 정상에 도착했다. 나처럼 걸어온 사람은 없고, 대부분 버스를 타거나 특별한 허가를 받아 자가 차량을 몰고 온 사람들이 군데군데 모여 호수를 구경하고 있었다. 듣던 대로 대단히 큰 호수다. 표면은 아직 얼어 있었는데 한눈에도 대단히 맑아

보였다. 날씨가 맑은 덕에 멀리 있는 설산까지 손에 잡힐 듯 선명했다. 가이드도 없이 이렇게 하루 정도 혼자 온 것이 더 잘됐다는 생각이 들었다. 오롯이 혼자 이런 시간을 가져본 적이 언제였더라. 갑자기 이런저런 생각이 겹치며 가능하면 이런 여행을 며칠이라도 더 하고 싶다는 마음이 들었다.

정상에서 내려오는 건 금방이었다. 30분 만에 내려왔지만 그래도 기사와 약속한 시간보다는 한 시간이나 늦었다. 혼자만의 시간이 주는 해방감에 홀려 한참이나 천지에서 시간을 보낸 탓이다. 우루무치로 돌아와서는 민박집 주인과 함께 시장으로 나갔다. 시장에는 낮에 다녀온 톈산 천지의 물로 재배된 포도로 만든 와인이 눈에 띄어 손에 들었다. 캘리포니아, 보르도, 신장이 똑같이 위도 44도에 위치하고 있음을 강조하고 있었다. 투루판에서부터 실크로드 각지에서 만난 수많은 질 좋은 포도밭을 생각해보건대, 중국이 와인시장의 강자로 뛰어들 수도 있지 않을까?

우루무치의 민박집으로 돌아와 인터넷 검색을 하던 중에 가슴 아픈 소식을 접했다. 한국에서 엘리트 대학생들이 잇달아 자살을 택하고 있다는 뉴스였다. 한국에서 강연이나 멘토링을 통해 대학생들을 자주 접하고 아들도 대학생인 까닭에 대학생들의 사연을 들으면 남이야기 같지가 않다. 요즘도 나는 1년에 13명의 학생을 배정받아 간담

회 형식으로 멘토 노릇을 한다. 멘티들을 만나면 일방적으로 강의를 하기보다는 참여하는 학생들 스스로 계획을 세우고 발표를 한다. 페이스북을 통해 소통하다가 한 달에 한 번 정도 만나 직접 대화를 나눈다. 인텔코리아가 주최하는 행사에 초대하거나 같이 등산이나 캠핑도 한다.

사실 그런 역할을 쉽게 맡기로 한 건 아니다. 고민을 꽤 했다. 책임감과 의무감이 기대감보다 더 크게 느껴졌기 때문이다. 그런데 봉사를 해야 한다는 강박관념을 떨치자 멘토링 시간이 즐거워졌다. 수직적인 관계가 아니라 수평적인 관계로 멘티들을 바라보면서 젊은 세대와 교감하고 소통하며 내가 오히려 영감을 얻고 배우는 부분도 많다.

내가 만나는 대학생들은 미래에 대한 진지한 고민을 하는 친구들이다. 선별된 인재들이니 지금의 대학생을 대변하는 인물들이라고 단언할 수는 없지만, 어쨌든 이들은 나의 젊은 시절과 비교해보면 대단한 친구들이다. 자신의 삶을 스스로 개척하고 주어진 환경을 돌파해내는 역량이 대단하다는 생각이다. 대학생 때의 나보다 훨씬 뛰어나다. 특별강연자로 초청을 받아 간 '대한민국 인재상' 같은 시상식에서 만나는 젊은 CEO와 아티스트, 엔지니어들 가운데서도 어떻게 저런 일들을 해내는지 감탄하게 만드는 청년들이 수두룩하다.

그런데 이런 훌륭한 친구들 중에도 여전히 자신이 무엇을 하고 싶고 어디로 나아가야 하는지 방향 설정을 하기 어려워하는 부류가 있다. 나는 항상 내가 잘하는 분야를 정확히 이해하는 게 중요하다는 조언을 건넨다. 어떤 것을 통해서도 배울 수 있으니 다양하게 접하든 한 분야를 깊게 파고들든 자기 스스로를 돌아볼 수 있는 도전이 필요하다. 정말 자신이 어떤 일을 좋아하는지 모르겠다면 어떤 일을 했을 때 자신이 정말 행복했는지 메모를 하라. 그 메모를 모아 정리해보면 내가 어떤 일을 할 때 행복한지 알 수 있다. 잘하는 일을 더 잘하게 하는 게 핵심이다. 못하는 건 열심히 하면 남들 정도밖에 안 된다.

전공은 중요하지 않다. 아는 것보다 실천이 중요하다. 예를 들어 리더십과 관련된 강의에 나가 학생들에게 리더십에 대해 물어보면 모르는 학생이 없다. 그러나 안다고 해서 모두 할 수 있는 건 아니다. 실제 해낼 수 있는 능력은 별개의 것이다. 대인관계, 문제 해결, 협상력…… 모든 것이 수반될 때 가능한 게 올바른 리더십이다. 머릿속에 들어 있는 건 많은데 실전 경험이 없고 지식만 있고 지혜가 없다면 무용지물과 다름없다.

결국 무언가에 깊이 빠져 해보는 수밖에 없다. 여러 가지를 해보면서 꽂히는 것을 찾아야 한다. 다양한 분야에 관심이 있더라도 자신이 좋아하는 분야에 대해서는 몰입하는 T자형 인재가 필요하다. 시기가 중요한 건 아니다. 늦어도 상관없다. 빠지면 된다. 이런 여러 시도 속에서도 고민이 끊이지 않는다면, 이곳 실크로드를 찾아보면 어떨까. 실크로드에서 끝없이 달리는 중국의 철도와 트럭을 보고, 그 안에 담겨 있는 무한에 가까운 가능성만 발견해도 희망을 말할 수 있지 않을까.

물론 이런 막연한 추측들로 극단적인 선택을 한 대학생들의 절박한 마음을 다 헤아릴 수는 없을 것이다. 내 섣부른 마음은 그저 피지도 못하고 져버린 청춘을 바라보는 안타까운 시선일 뿐. 최근에는 20~30대 젊은이들을 둘러싼 환경이 만만치 않아 내 경험을 토대로 이런저런 잔소리를 하기가 조심스럽다. 고민하는 청춘들에게 이렇게 하면 전보다는 조금 더 낫지 않을까 하는 마음을 전할 따름이다.

길면 길고 짧으면 짧은 실크로드 여행도 내일이면 끝이다. 나는 굽이굽이 이어지는 실크로드의 끝은 어디일까, 리더로서 내 길의 끝은 어디일까를 상상하다가 잠이 들었다.

결국 무언가에 깊이 빠져 해보는 수밖에 없다. 여러 가지
를 해보면서 꽂히는 것을 찾아야 한다. 다양한 분야에 관
심이 있더라도 자신이 좋아하는 분야에 대해서는 몰입하
는 T자형 인재가 필요하다. 시기가 중요한 건 아니다.

책임져라, 온몸을 다해

_황금 명함을 가진 사람들

나는 모든 성공은 뿌리 깊은 책임감에서 출발한다고 생각하는 사람이다. 인텔은 사람들로부터 자연스럽게 성공의 DNA를 만들어내는 시스템을 가지고 있다. 인텔에서 업무를 처리할 때는 과장부터 사장에 이르는 무수한 결재를 받을 필요가 없다. 어떤 업무가 있다면 그 업무의 담당자에게 모든 결정 권한을 이양한다. 실무자에게 최고의 권한을 주는 것이다. 다수의 글로벌 기업이 이런 시스템을 사용하고 있고, 국내 기업들의 상당수도 점차 이러한 방향으로 변해가고 있다.

물론 회사 전반의 명암을 결정지을 수 있는 중대한 사안이라면 당사자가 아니더라도 적절한 경험이 있는 사람들의 판단이 필요하다. 하지만 회사에서 벌어지는 대부분의 일들은 현장에서 그 업무를 직접 담당하는 사람이 가장 잘 안다. 결정하는 사람과 같이 직접적인 실무자는 아니지만 간접적으로 프로젝트를 지원할 수 있는 소수의 사람을 정해놓고 그 사람들에 의해 일이 진행되도록 설계하는 것이 합리적이다.

앞서 리더십의 변화에 관해 이야기하면서도 언급했지만 지금의 기업 환경은 말 그대로 격변의 시기이다. 예전에는 모두의 동의가 필요했지만 지금의 비즈니스는 더욱 빠른 업무 처리와 효율성을 기업에 요구하고 있다. 회사의 모든 사람이 'YES'를 외칠 때까지 의논하고 높은 직위에 있는 사람들이 전부 한마디씩 거든 후 결정한다면 이미 늦다. 당연히 위험 부담은 커지고 실패하는 일도 많아질 수 있다. 그렇다면 그 실패에 대해 관대해지고 실패를 발판 삼아 새로운 기회를 부여할 수 있는 여유를 갖출 필요도 있는 것이다.

이러한 과정 속에서 중요해지는 건 책임감이다. 결재 시스템이 간소화되면 담당자 본인에게는 권한과 동시에 책임이 생긴다. 어떤 사람은 직위의 범위를 넘어 모든 권한이 자신에게 오는 것을 부담스러워하기도 한다. 담당자는 고객과 접점에 있는 사람이면서 고객과 시장의 요구를 가장 잘 아는 사람이다. 그가 모르고 그가 책임지지 않는다면 그 일을 누가 책임질 수 있겠는가?

글로벌 기업의 도전 의식과 창의성은 결국 책임감이다. 나는 적지 않은 젊은 인재들이 이 부분에서 착각을 저지르고 있는 건 아닐까 걱정스럽다. 아무래도 '도전'이나 '창의' 같은 단어가 자유분방한 인상을 주고, '책임'은 딱딱하고 고지식한 느낌이 있기에 둘을 대치시켜 이해하고 있지는 않는지.

관습에 얽매이지 않고 구태의연한 틀에서 벗어나 전에 없던 일들을 벌여야 하는 게 젊은 인재의 역할인 것은 사실이지만, 이 모든 것의 핵심은 주어진 일을 내 일이라고 느끼는 오너십이다. 시켜서 하는 일에 굳이 모험을 감수하고 새로운 생각을 할 필요가 있을까? 신선한 아이디어를 발휘한다고 해도 그것은 고작 내가 좀 더 편하게 일을 하거나 질책받지 않는 수준에서 업무를 빨리 마무리짓기 위한 도구에 불과할 것이다. 정말 내 일이라고 생각해 이 일이 잘되게 하기 위해 여기저기 부딪치고 머리를 굴리는 와중에 새로운 생각도 떠오르고 해보지 않았던 일도 시도해보기 마련이다.

한마디로 창의적인 인재는 책임감이 넘치는 사람이다.

내 고객 중 한 명이 유독 아끼는 직원의 이야기이다. 고객만족부서에서 일하는 말단 직원이었지만 고객 평가가 항상 100점인 흔치 않은 직원이다. 그는 제품 배송과 관련된 업무를 맡고 있었는데, 퇴근을 하면서 다음날 제품을 받을 고객과 관련된 자료를 가져가 집에서 일일이 분석을 한다. 그리고 다음날 배송기사가 배송을 시작하기 전 아침 7시에 출근해 배송기사에게 좀 더 신경 써야 할 고객을 비롯해 고객들의 특징에 대해 하나하나 알려준다. 혹은 서비스가 부족한 배송기사의 경우는 고객에게 전화를 해 미리 양해를 구하기도 한다. 그런다음 배송기사가 다녀간 후 다시 전화해 불편한 점이 없었는지 확인을 하고, 자신의 당부를 받아들여 고객을 잘 응대한 배송기사에게는 따로 선물까지 준비해 감사 표시를 한다.

다른 고객이 칭찬하는 직원 중에는 이런 사람도 있다. 이번에는 전자상가에서 컴퓨터 부속품을 다루는 일을 하는 직원이다. 이 직원 역시 말단 중의 말단이지만 내부 사정을 잘 모르는 사람들은 그를 사장으로 착각하는 사람이 많다고 한다. 그 이유는 첫 번째로 어떤 일을 하든 워낙 까다롭고 꼼꼼하게 요구하고, 두 번째로 무엇을 물어보든 회사일에 대해 모르는 게 없다는 거였다. 한마디로 사장 같은 직원이라는 소리다. 그는 자신이 피고용인의 위치에 있을 뿐, 사고방식 자체는 자신이 이 회사를 경영한다고 생각하고 있을지도 모르겠다. 그래서인지 그는 말단 사원에게서 보기 힘든 황금빛 명함을 만들어 다닌다고 한다.

인터넷상에서 '서빙왕' 이효찬 씨가 화제가 되었던 이유도 일의 크고 작음에 상관없이 모든 열정을 다해 최선을 다하는 모습이 사람들을 자극했기 때문이다. 서빙이라고 하면 다들 하찮고 누구나 할 수 있는 일로 생각하지만 그는 기다리는 손님을 위해 레크리에이션까지 펼치면서 손님을 성심성의껏 대우해 가게에서 빼놓을 수 없는 인재로 우뚝 섰다. 그러면서도 그는 한없이 겸손했고 자신의 노력에 대해 특별한 대가를 요구하지 않았다. 그는 정말 자기 일을 확실히 책임진 서빙의 프로였다.

이제까지 소개한 사람들의 공통점은 무엇일까? 그들은 위에서 누가 시켜서 일을 하는 게 아니라 자신이 그 일을 주도하고 능동적으로 해나갔다. 회사일을 자기 집안일처럼 챙겼고, 그러기에 누구보다 꼼꼼했다. 게다가 자기가 하는 일에 관해서는 사장도 따라올 수 없을 만큼 방대한 지식으로 무장하고 있다. 이런 사람이라면 누구라도 같이 일하고 싶어하지 않을까? 마치 내가 시스코에서 사장 면접을 보면서도 아무 문제 없이 대화가 가능했듯이, 자기 위치에 최선을 다하는 사람은 사장처럼 일한다. 그리고 누구에게든 황금 명함을 당당히 내밀 수 있는 사람이 성공한다.

이는 기업에도 똑같이 적용된다. 세계적인 경기 침체가 지속되고 있다. IT산업은 물론이고, 대부분의 산업이 이에 큰 영향을 받고 있는 가운데 생산자 중심의 경제구조는 소비자 중심의 경제구조로 점차 변화하고 있으며 소비자들의 유형 역시 보다 다양해지고 세분화되고 있다. 이러한 상황 속에 날이 갈수록 깐깐해지는 소비자들의 주머니를 열기란 그 어느 때보다 쉽지 않다. 눈 가리고 아옹 하는 식의 접근이 통하지 않고, 자신의 제품을 책임질 수 있는 기업이 살아남는다.

요즘 주부들은 생선 한 마리를 사도 그냥 사지 않는다. 웰빙이나 힐링 열풍, 일본 후쿠시마 원전 사고로 인한 불안감에서 오는 심리적 요인은 소비자들이 제품의 원료와 성분 및 원산지까지 꼼꼼히 따져보며 구매하게끔 만들고 있다.

경기가 오랜 기간 침체될수록 소비자들은 점점 더 제품의 가격에 민감해지고 알뜰하게 제품을 구매하려는 성향을 갖게 되고 실용적인 소비족들도 증가한다. 최근에는 질 좋은 제품을 보다 합리적인 가격에 구매하려는 꼼꼼한 소비 형태의 하나로, 가치가 있다고 판단되면 다소 비싸더라도 과감하게 투자하는 가치 중심 소비도 늘어나고 있다. 또한 소비자들이 직접 인터넷이나 기타 정보 매체들을 통해 제품에 대한 정보를 검색하고 가격을 비교해보는 등 똑똑한 소비자들은 나날이 증가하는 추세다.

스마트한 소비자가 늘고 있는 것은 생산자가 제공하는 정보를 있는 그대로 받아들이지 않기 때문이기도 하다. IT 제품도 스마트한 소비자들에게는 예외가 아니다. 글로벌 기업들은 국가별로 출시 시기를 조절하거나 가격을 달리 책정하기도 한다. 그러나 이제는 더 이상 이러한 정보들을 숨길 수 없다. 소비자들이 인터넷과 소셜네트워크서비스(SNS)를 통해 전 세계의 정보들을 실시간으로 공유하며 해외에서 직접 구매할 수도 있기 때문이다. 소비자들은 더 이상 제품의 디자인이나 브랜드만을 이유로 제품을 구매하지 않고 제품의 부품에 따른 스펙(사양)을 가격과 함께 꼼꼼히 비교한 후 선택한다. 특히 우리나라 소비자들은 국내외 기업들로부터 전 세계에서 가장 유행에 민감하며 제품을 비교하고 선택하는 데 있어 까다롭다는 평을 받는다. 우리나라를 테스트베드로 삼고 가장 먼저 신제품을 출시하고 소비자들의 반응을 살펴 전 세계에 출시하는 글로벌 기업이 있을 정도다.

소비자들이 제품에 대한 정보를 공유하며 꼼꼼하게 구매할 기회가 많아진 것은 매우 반가운 일이다. 이러한 소비문화의 변화에 따라 기업의 전략도 달라져야 한다. 국가별 시장 접근 전략만으로는 한계가 있으며 전 세계가 하나의 시장처럼 움직인다는 것을 고려해야 한다. 소비자가 제품의 속까지 들여다보기 시작했다. 인텔도 이를 위해 PC의 성능을 좌우하는 중앙처리장치(CPU) 정보를 소비자들이 쉽게 알 수 있도록 제품 전면에 로고를 부착하는 '인텔 인사이드' 라는 프로그램을 PC 제조사들과 함께 진행해오고 있다. IT산업 종사자로서 적게는 수십만 원, 많게는 수백만 원에 육박하는 노트북, 태블릿 PC 등 컴퓨팅 디바이스를 구입할 때 소비자들이 제품 상세 사양을 정확히 파악해 후회 없는 선택을 할 수 있었으면 하는 바람이다.

　기업들은 저가의 낮은 품질의 재료로 그럴듯하게 제품을 제조해 비싼 가격에 판매함으로써 단기적으로 높은 수익을 기대할 수 있다. 그러나 그 정보가 공개되는 순간 소비자의 신뢰도에 치명적인 손상을 입게 된다. 이 때문에 기업들은 소비자에게 제품 속에 포함된 재료들을 비롯해 소비자의 알 권리를 충분히 만족시킬 수 있는 수준으로 제품 정보를 투명하게 공개하는 등 장기적으로 신뢰를 확보하는 방향으로 전략을 구사해야 할 것이다. 앞서 언급했듯이 이제 전 세계는 하나의 시장이며 소비자들은 실시간으로 SNS나 인터넷을 통해 정보를 공유한다. 소비자에게 정확한 정보를 제공하는 책임 있는 기업들이 소비자의 신뢰를 얻고 오랫동안 시장에서 성공할 것임은 자명하다.

어떻게 성장할 것인가

_MBA 도전

CEO가 되었다고 해서 성장을 멈출 이유는 없다. 더 큰 도전은 늘 존재한다. 인텔코리아의 사장이 되고 4년이 지난 2008년, 나는 MBA 코스를 통해 경영학을 제대로 공부해야겠다는 다짐을 했다.

배운다는 것은 무엇일까? 나는 배움은 가까이에서 직접 경험해볼 때 가장 강렬하게 다가온다고 생각한다. 그런 맥락에서 나는 내가 가까이 대할 수 있는 세상 어디에서나 배울 것이 있다고 본다. 스물네 살에 잘나가는 CEO가 되어 화제가 된 어떤 젊은이는 자신에게는 많은 사람들이 멘토로 삼는 빌 게이츠나 스티브 잡스보다 바로 자기 옆에서 이런저런 조언을 해주는 이웃집 형이나 선배 CEO가 더 멘토다운 멘토라는 말을 했다. 나 역시 그 말에 공감한다.

그리고 거기서 조금 더 나아가면 결국 이웃집 형이나 선배도 가르쳐줄 수 없는, 정말 내가 뼈저리게 깨달아야 할 진리들이 있다는 말도 된다. 내 곁에 콕 찍어서 말할 수 있는 훌륭한 멘토나 선배가 있어야 내가 성장할 수 있는 건 아니라는 뜻이다. 나 역시 '인생에 존경하는 멘토가 있느냐'고 물으면 단답형으로 대답하기 어렵다. 나를 가르쳐준 사람을 한두 사람으로 집중해 지칭하기는 거의 불가능하니까. 두루두루 널리 배웠다고 하는 편이 맞겠다.

그렇기 때문에 나는 나의 가장 소중한 스승을 굳이 간단히 표현해야 한다면 '일'이라고 말하고 싶다. 실제로 뛰어들어가 온몸으로 느끼며 깨닫는 진리야말로 진짜 지식이며 영원한 인생의 지침서가 된다. 인생의 모든 순간에 대해 누가 일일이 조언해줄 수 있을까? 주변에서 아무리 좋은 조언을 해줘도 결정권자는 나다. 그 결과는 내가 가져가는 것이다. 내가 제대로 알아야 하고, 스스로 깨달아야 한다.

그리고 이러한 생각은 MBA 공부를 하면서도 바뀌지 않았다. 나는 경영학의 학문적 지식을 쌓는 것은 부수적인 일이라고 생각했다. 사장 취임을 하고 4년이 되니 처음 사장이 될 때 생각했던 목표에 어느 정도 도달했고 새로운 도약을 준비해야 할 시기가 다가왔다. 나는 기회가 주어진다면 인텔코리아보다 더 큰 무대에서 내 역량을 시험해보고 싶다는 생각을 했다. 만약 그렇게 된다면 외국 무대에서 MBA 출신 동료들을 만날 일도 많아질 것이고, 그들과 대화하기 위해서는 그들의 언어를 가져야 하지 않겠는가. 물론 실전에서 쌓은 경영에 대한 다양한 지식과 노하우를 정제된 용어를 사용해 체계적으로 정리해보고 싶다는 호기심도 있었다.

처음 입학했을 때 걱정한 건 딱 한 가지였다. 학비가 2년간 5,000만 원에 달하는 수업이었음에도 불구하고 MBA에는 공부보다는 젯밥에 관심 있는 사람이 많다는 이야기를 들었기 때문이다. 바빠서 그런 것도 있겠지만 공부는 안 하고 학력과 인맥을 쌓는 데 목적을 두고 있다는 소리다. 나는 그런 분위기에 휩쓸려 내 공부까지 놓치고 싶진 않았다.

그래서 첫 수업 시간에 발언 기회를 얻어 같은 클래스에 있는 사람들에게 내 뜻을 피력했다. 이왕 좋은 공부 하려고 모였으니 정말 제대로 하자고. 나는 정말 제대로 공부하고 싶다고. 열심히 하고 싶지 않은 사람은 다른 반으로 가달라는 부탁까지 했다. 다행스럽게도 대부분의 사람들이 내 뜻을 존중해줘 우리 반은 정말 뜨겁게 공부했다. 교수 중 한 분이 우리 반 수업을 마치고 이런 이야기를 한 적도 있다.

"이 반은 참 특이해. 정말 열심히 한다."

그렇게 2008년에 입학해 2010년에 졸업하기까지 정말 많은 것을 배울 수 있었다. 그리고 재미있었다. 내가 들어간 과정은 글로벌 MBA라 모든 수업이 영어로 진행되었다. 수업은 전략, 마케팅, 인사 등 경영 전반에 걸친 내용으로 광범위했다. 금요일 저녁, 토요일 하루 종일(9시간), 수업에 끝나고 밀려온 과제를 생각하면 사실상 주말은 반납해야 했다. 일요일로 해결이 안 되면 그룹 스터디 형태로 평일에 몇 차례 만나 공부를 더 했다. 회사일을 하면서 공부를 한다는 게 쉽지만은 않았지만 회사나 실전에서 실제로 경험했던 것이 이론으로 나온다는 게 정말 흥미로웠고, 공부가 재미있다는 느낌을 난생처음 받았다.

내가 가장 중요하게 생각하는 고객과의 미팅까지 조정해가며 공부한 그때를 돌이켜보면, 종종 들려오는 늦깎이 공부의 매력이 이런 게 아닐까 생각한다. 경험이 없는 젊은 시절 공부를 하면 머리는 잘 돌아갈지 몰라도 근본적으로 이 공부를 왜 하는지, 지금 내가 배운 이론이 어떤 식으로 구체화되는지 정확히 알기는 어렵다. 그저 책에 쓰여 있으니 외우고 익힐 뿐이다. 반면 나이가 들어 내가 일했던 분야를 공부하면 순서가 바뀐 것 같지만 내 경험을 정리해 앞으로 나아갈 길을 한층 더 잘 설계할 수 있는 한편, 남들에게 내가 가진 생각을 논리정연하게 잘 전달할 수 있는 힘을 얻게 된다.

MBA 과정 중 프로그램의 일환으로 미국 컬럼비아 대학에 가서 들었던 이야기 중에도 이런 대목이 있었다. 바로 대학을 졸업하고 이곳에 오는 것보다는 회사생활을 7~8년 정도 하고 온 학생들이 훨씬 이해도가 높고 본인들 스스로도 만족한다는 것이다. 그야말로 '일에서부터 배우고 오라'는 소리다.

2년간 동고동락하며 치열하게 지혜를 쌓은 덕분일까. 그때 나와 같이 MBA 과정을 수료한 대부분의 친구들이 현장 곳곳에서 승승장구하고 있다는 흐뭇한 소식이 자주 들려온다. 기회가 될 때마다 이들과 꾸준히 교류해 추억을 더듬으며 술잔을 기울이기도 한다.

회사에 다니면서 공부하는 게 작은 의지로 가능한 일은 아니다. 내가 CEO의 위치라서 남의 눈치를 덜 보고 남들보다 여유 있게 공부한 걸까? 결코 그렇지 않다. 나는 글로벌한 리더가 되고자 하는 강한 의지가 있었고 이 공부가 나에게 어떤 도움이 될 수 있는지를 분명히 알았다. 그러면 없던 시간도 만들어지고 안 돌아가는 머리도 회전을 시작한다. 단순히 학문적인 호기심 정도로는 어렵다고 본다. 내 인생과 직접적으로 연결된 동기부여가 필수적이다.

실제로 뛰어들어가 온몸으로 느끼며 깨닫는 진리야말로 진짜 지식이며 영원한 인생의 지침서가 된다. 인생의 모든 순간에 대해 누가 일일이 조언해줄 수 있을까? 주변에서 아무리 좋은 조언을 해줘도 결정권자는 나다. 그 결과는 내가 가져가는 것이다. 내가 제대로 알아야 하고, 스스로 깨달아야 한다.

동기부여를 내 안에서 쉽게 찾을 수 없다면 어떻게 해야 할까? 과 감히 경쟁의 현장에 자신을 집어넣어보는 방법은 어떤가. 경쟁심, 좀 더 심각하게 이야기하면 열등감이 자신을 성장시켰다고 말하는 사람 이나 회사를 어렵지 않게 찾을 수 있다. 경쟁으로 피어난 열정이나 변화가 주변 사람을 동화시키거나 사회를 긍정적으로 바꾸는 사례도 많다.

마이크로소프트(MS)가 스마트폰 같은 9인치 이하 기기에 대한 윈 도폰 운영체제(OS) 라이선스를 무료화했다. 사물인터넷 기기에 대한 윈도 라이선스도 무료로 풀었다. 오픈소스뿐 아니라 커머셜 OS의 무 료 라이선스 시대가 도래한 것이다. 이런 결과는 IT업계의 운영체제 경쟁 속에 벌어진 일이지만 결과적으로는 사람들에게 좋은 혜택을 주 었으니 경쟁의 순기능이라고 볼 수 있다.

물론 오로지 경쟁에만 삶을 내맡기는 건 좋은 판단이 아니다. 계속 해서 강조했듯이 중요한 건 즐기는 것이다. 패자를 결정하는 건 룰이 아니다. 즐기지 못한 자가 패자이다. 때문에 그 경쟁에서 이기고 지고 가 핵심 목표가 되어서는 안 된다. 다만 동력을 얻고자 할 때 하나의 방법으로 활용했으면 하는 바람이다.

실크로드의 끝에서
미래를 꿈꾸다

_마지막 밤

깜빡 잠이 들었나? 번쩍 눈을 뜨니 새벽 4시다. 6시 30분에 일어나면 9시 비행기를 타기에 충분한 시간인데 너무 빨리 일어나버렸다. 조금 더 졸아볼까 하고 뒤척이지만 잠이 오질 않았다. 이렇게 여행이 끝나는 게 아쉬워서일까. 혹시 한국으로 돌아가면 나를 기다리고 있을 일상에 대한 피로감 때문일까. 잘 모르겠다.

18일간의 길지 않은 여행이었지만 남들이 간다는 실크로드의 요지를 빠짐없이 밟고 왔다. 대부분 수박 겉핥기식이었지만 말이다. 장족 부부를 만나 타르초에 담긴 염원을 확인하고 더링하까지 갔다가 시닝으로 돌아오는 해프닝을 겪은 후, 일월산을 지나 가욕관을 뚫고 둔황에 도착했다. 포도의 도시 투루판과 교하고성의 폐허를 보고 카슈가르에서 우루무치까지 먼 길을 달렸다. 물론 가장 많은 시간은 길 위에서 보냈다. 여행 자체만 놓고 보면 아무리 실크로드 여행이라지만 이동 시간이 너무 길었다는 게 아쉽다. 비싼 수업료를 냈다고 생각하고, 다음에는 실크로드의 정취를 잘 느낄 수 있는 곳을 골라 조금 더 전략적으로 움직일 수 있을 거라 믿는다.

여행 중에 타클라마칸 사막에서 보지 못한 별, 바인부루커 초원에서 자지 못한 것, 둔황에 좀 더 머물지 못한 것들이 참 아쉬웠지만 지나고 나니 별일 아니었다. 그런 것이야 나중에 기회만 나면 언제든 다시 해볼 수 있는 것들이 아닌가. 중요한 건 지금 이 순간이다.

여행 전날 배낭을 꾸리며 생각했던 것들을 되새기며 이번 여행에서 내가 무엇을 얻었는지 생각한다. 생각을 거듭할수록 딱 한 가지로 정리되지 않는다. 사막 한가운데 누워 별을 보며 잠시나마 일체를 배제한 순수한 인간으로 살아가는 방법과 어떻게 하면 좋은 리더가 될 수 있는지, 더 중요하게는 앞으로 어떻게 살 것인지 고민해보려고 했지만 분명한 답은 얻을 수 없었다. 고민이란 늘 진행형이기에, 딱 떨어진 답을 원하는 내가 미욱하다고 봐야 할까.

처음에 실크로드를 추천한 박원순 시장도 비슷한 감정을 느끼고 나에게 실크로드를 추천한 것일까? 실크로드라는 길 위에서, 여전히 인생의 도정에 놓여 있는 나 스스로를 절감하고 돌아오길 기대하면서. 쉬러 갈 거라고 이야기했는데 실크로드를 적극 권한 걸 보면, 그는 나보다 나를 더 잘 아는 사람이다.

지난 2주간 4천 킬로미터 이상 중국 중서부를 횡단하며 정말 많은 것을 보았다. 되도록이면 많은 것을 담아내려 했지만 그 짧은 시간 동안 수천 년의 역사가 이룩해낸 실크로드의 본질을 배우고 이해한다는 건 실로 오만한 생각이리라. 그저 나는 어렴풋이 한 가지 정도만 분명히 목격하고 돌아간다는 마음이었다.

그것은 바로 인간의 생명력Vitality.

거대한 중국의 넓은 초원과 사막, 그 안에 존재하는 무수한 문화와 사람들은 나에게 꿈틀꿈틀 뛰는 심장으로 하루하루를 살아가는 인간을 배우라 소리쳤다. 연간 강수량이 10밀리미터도 안 되는 불볕의 사막에서 생존해온 사람들, 정치적·종교적 갈등 속에 자신의 가치를 지키며 꿋꿋이 살아가는 소수 부족들, 수천 년의 세월을 견뎌낸 구조물, 찬란한 예술작품, 그 모든 걸 만들어낸 이름 없는 작가와 인부들은 준엄한 목소리로 내게 더욱 뜨겁게 살아갈 것을 경고하고 있었다.

가능한 한 덜어내고 버리고 싶어 먼 곳까지 왔는데 나는 또 무언가를 향해 달려가고 싶은 걸까. 그렇다면 아직 젊다는 생각이 들어 안도감이 들면서도, 한편으로는 슬그머니 심술이 나기도 했다. 하지만 따져보면 이곳 실크로드는 무언가를 버리고 홀홀 날아오르기에 적합한 곳이 아니다. 오기 전까지만 해도 볼 것 없는 황무지를 상상했건만, 막상 와보니 실크로드는 서부 대개발과 맞물려 수많은 이슈가 격렬히 부딪치고 엄청난 가능성을 가진 경제 개발이 활발하게 일어나는 젊은 땅이었다.

가능성에 반응하는 신체를 가지고 있다는 것, 아직 젊다는 것은 감사한 일이다. 지금은 거의 잊어버렸지만 따져보면 인텔에 입사한 후에도 내 회사생활은 항상 위기였다. 싱가포르에서의 아픈 기억은 두말할 필요 없고, 한국에 돌아와서도 수많은 비즈니스가 일어났다 사라지는 십자포화 속에 있었다. 돌이켜보면 수많은 위기에서 주저하거나 좌절하지 않을 수 있었던 것도 많든 적든 일말의 가능성들을 늘 발견해온 덕분이다.

어떤 사람은 내가 일중독에 빠져 이 머나먼 타지에서조차 쉬지 못하고 달리기를 준비한다고 생각할지 모르겠다. 사람은 각자의 방식에 맞춰 즐거움을 취하므로, 나는 자연스럽게 이번 여행에서도 내가 가장 행복할 수 있는 방법으로 이 여행을 정리하고 있는 게 아니겠는

가. 나의 뇌리 한구석에는 둔황의 거대한 유적을 만들어낸, 시대를 초월해 전달되는 당대인들의 열정과 서쪽에서 동쪽으로 끝없이 이어지던 화물 트럭의 행렬이 강렬히 남아 있다. 그렇다. 할 수 있는 일은 참 많다.

잠을 자긴 틀렸으니 이제 자리를 툭툭 털고 일어나야겠다. 곧 한국으로 돌아갈 시간이다. 민박집 부부가 일어나 아침을 준비하는지 접시 달그락거리는 소리가 들려왔고, 어느덧 창밖으로 아침 해가 떠오르기 시작한다.

나는 계속해서, 진화하고 싶다

2011년 봄, 나는 느꼈다.

실제로 실크로드를 걷고 중국이 급격하게 발전한 모습을 보니, "와, 내가 놓을 때가 아니구나. 새로운 기회, 새로운 아이디어와 생각들을 접목시키고 한층 더 진화해야겠다"라는 확신이 들었다. 아직 갈 길이 멀고 해야 할 일이 많음을 절감했다. 다시 달려야겠다. 다시 기운을 내야겠다. 이런 생각이 진하게 들었다. 그것이 아마도 실크로드나 산티아고 순례길, 혹은 여행을 떠난 사람들이 느끼는 일반적인 감정이리라.

열심히 일하고 열정을 품고 사는 것이 인생의 키가 아닐까? 뭔가를 내려놓고 정리를 하는 것이 아니라 여전히 현재진행형인 내 끓어오르는 열정과 신념을 갖고 달려 나가는 것, 그것이 내가 취할 선택이다.

멈추기엔 아직 이르다. 많이 왔고 이룬 것 또한 많다고 여겼으나 실크로드를 걸으며 나는 또 다른 추진력을 얻었다. 아마도 이 감정이 실크로드에서 얻은 가장 큰 수확일 것이다.

리더십은 진화해야 한다. 회사에서 자리를 차지하고 승진할수록 리더십은 변해야 한다. 조금 더 나은 리더가 되기 위해 노력했고, 이것을 실크로드에 갔다 온 후 조금 더 뼈저리게 느꼈다. 상황과 위치에 맞는 리더십, 상대방을 배려하고 본인의 의사결정에 대해 책임을 질 줄 아는 리더십, 여전히 내가 인텔코리아라는 조직의 리더로서 부족하나마 고민하는 것 또한 그것이다. 급변하는 사회 환경 속에서 정체되지 말고 안주하지 말고 끊임없이 조금씩 나아가는 것, 그것이다.

나는 계속해서 진화하고 싶다.
당신과 함께.

몇 달 전 엄홍길 휴먼재단과 함께 네팔의 오지 마을에 초등학교를 짓는 휴먼스쿨 프로젝트를 하던 중, 11번째 학교를 짓기 위해 네팔의 기공식에 참여하고 안나푸르나 트레킹을 다녀왔다. 3박 4일간의 짧은 푼힐(Poon Hill, 3193m) 트레킹이었지만, 리더십에 대한 새로운 깨달음을 얻는 기회가 되었다.

동행한 엄홍길 대장은 네 번의 안나푸르나 정상 도전에 실패하고, 발목이 180도 돌아가는 부상 때문에 의사로부터 등산 불가 판정을 받았다. 그럼에도 불구하고 꼭 이루고야 말겠다는 집념과 열정으로 10개월간의 혹독한 재활 과정을 견뎌냈다. 그 후 엄홍길 대장은 1년 만에 안나푸르나 정상에 다시 도전해 다섯 번째 시도 끝에 등반에 성공했다. 엄홍길 대장과 이야기를 나누며 나는 그의 집념과 산을 사랑하는 열정을 배울 수 있었다. 또한 히말라야 16좌를 등반해 정복했다는 자신감보다 산이 자신을 허락해줬다며 자연의 위대함을 인정하고 스스로를 낮추는 자세 등, 이 모든 것이 새로운 깨달음이었다.

리더십은 계속 진화한다.
매번 만나는 사람들에게서 배움을 얻게 되는데, 이번에는 엄홍길 대장과 트레킹 과정에서 나눈 진솔한 대화를 통해 또 한 번 배우게 되었다.

리더스 로드

ⓒ이희성 2014

초판인쇄 2014년 9월 29일
초판발행 2014년 10월 6일

지은이 이희성
펴낸이 강병선
편집인 황상욱

기획 황상욱 **편집** 황상욱 윤해승 조은호
디자인 이정민 **마케팅** 방미연 이지현 함유지 윤해승
온라인 마케팅 김희숙 김상만 한수진 이천희
제작 강신은 김동욱 임현식 **제작처** 영신사

펴낸곳 (주)문학동네
출판등록 1993년 10월 22일 제406-2003-000045호
임프린트 휴먼큐브

주소 413-120 경기도 파주시 회동길 210 1층
문의전화 031-955-1902(편집) 031-955-2655(마케팅) 031-955-8855(팩스)
전자우편 forviya@munhak.com **트위터** @humancube44 **페이스북** fb.com/humancube44

ISBN 978-89-546-2535-7 03320

- 휴먼큐브는 문학동네 출판그룹의 임프린트입니다. 이 책의 판권은 지은이와 휴먼큐브에 있습니다.
- 이 책 내용의 전부 또는 일부를 재사용하려면 반드시 양측의 서면동의를 받아야 합니다.
- 이 도서의 국립중앙도서관 출판예정도서목록(CIP)은 서지정보유통지원시스템 홈페이지(http://seoji.nl.go.kr)
  와 국가자료공동목록시스템(http://www.nl.go.kr/kolisnet)에서 이용하실 수 있습니다.
  (CIP제어번호 : CIP2014020179)

www.munhak.com